ALLIANCE《アライアンス》

人と企業が信頼で結ばれる
新しい雇用

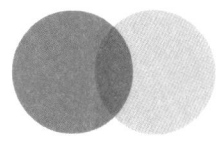

リード・ホフマン
ベン・カスノーカ & クリス・イェ【著】
篠田真貴子【監訳】
倉田幸信【訳】

ダイヤモンド社

ジェフ・ウェイナーへ。リンクトインでは常に最高のパートナーであり、本書執筆の際には素晴らしい味方となってくれた。

――リード

私を信じてくれたブラッド・フェルドとエイミー・フェルドへ

――ベン

私には書くべき本があるといつも信じていてくれた両親のグレースとミルトン、ジェイニー叔母さんへ

――クリス

監訳者による「少し長めの」まえがき――篠田真貴子

退職によって会社との関係は終わる?

「お話ししたいことがあります。……会社を辞めようと思います」

あなた自身が、会社にそのような話を切り出したことはありますか。この会社にずっといるより、ほかを経験したい。あるいは、頑張ってきたけれど、もう続けるのは難しいと思った。上司や仲間にどう伝えようか、頭の中で何度も繰り返し練習したかもしれません。緊張しながら切り出したら、思いのほか相手が感情的になって、こちらも慌ててしまうということも想定されます。逆に、理解され激励される幸せなケースもあるでしょう。

あるいは、部下や後輩から、そう切り出されたことはありますか。唐突にそんなことを言われても、と混乱する。さまざまな感情が心の中をかけめぐる。必死で説得し、翻意を促そうとしたかもしれません。あるいは、話を一通り聞いて納得し、その人の決めたことを応援しようと思ったかもしれません。

私は、どちらの立場も何度か経験してきました。まず旧日本長期信用銀行（現在の新生銀行）に入社し、約四年で退職して留学。帰国後はマッキンゼー・アンド・カンパニー、スイスの製薬会社ノバルティス ファーマ、ネスレで働きました。二〇〇八年から現職である（株）東京糸井重里事務所で、人事を含む管理部門を統括しています。

結果的にいくつかの転職を経験しましたが、上司に退職の意志を切り出すのは、毎回心臓が口から飛び出るほど緊張します。終身雇用が前提だった当時の長銀も、外資系で中途入社も珍しくないネスレも同じです。一方、部下や同僚から退職を切り出される立場では、その人の意志の堅さがわかると、その人との今後の関係よりも「後任をどうしようか」という問題に気がいってしまいがちです。

今振り返ってみると、自分がどちらの立場に置かれるにせよ、退職とは人と会社の関係が途切れることであるということを、その都度、私は実感してきたのだといえます。少なくとも、これまでの会社と人の仕組みにおいては。

今の日本では、会社で働く人が転職してキャリアアップを目指すことは珍しくありません。会社の立場から考えても、社員を完全に囲い込むということは不可能ですし、不健康です。だとしたら、会社を辞めるときの対話が、もっと建設的になったらいいと思いませんか。退職後、元の勤務先との関係がなくなってしまうのは、お互いにももったいないと思いませんか。

シリコンバレーの雇用形態に学ぶ

本書では、仮にたった数年で転職していったとしても、会社と働く人が「終身信頼」関係を築けることが、豊富な実例とともに論じられています。会社と個人の間に、フラットで互恵的な信頼に基づく「パートナーシップ」の関係を築こうよ、というのが本書の主張です。それを本書では「アライアンス」と呼んでいます。ここで描かれるアライアンスのもとでは、事業の変革と個人の成長が同時に達成でき、会社も社員も満足度が高まります。退職することになっても、話し合いは建設的で、退職後も信頼関係が続きます。社外にいる仲間として情報交換したり、場合によっては外注先として、あるいは再び社員として、一緒に仕事をする可能性も生まれます。

本書の著者は、リード・ホフマン、ベン・カスノーカ、クリス・イェの三人です。リード・ホフマンは、インターネット上の決済サービスの先駆けであるペイパルの創業に関わったのち、世界最大級のビジネス特化型ソーシャル・ネットワーキング・サービスである「リンクトイン」を二〇〇二年に創業。現在はその会長を務めています。ベン・カスノーカ、クリス・イェもシリコンバレーの起業家であり、カスノーカのほうはリンクトインで会長室長を務めた経験もあります。

シリコンバレーは環境変化が速く、事業の栄枯盛衰も激しいにもかかわらず、そこで成功する企業は、社員や元社員と長期的な信頼関係を築いています。つまり、会社と個人との間にパートナーシップの考え方が浸透しているのです。彼らは、シリコンバレーの企業が世界的な成功をおさめている真の要因はここにあると見抜きました。そして、このパートナーシップは、他の地域や業種にも応用できるはずだと考え、その具体的な考え方と手段をまとめたのです。

「会社と個人がフラットな関係に?」「退職後も信頼関係が続く?」「それは、アメリカだから、シリコンバレーだから成り立つんじゃないの?」「はたして、日本の環境や日本人のメンタリティーに合うんだろうか」

ここまで読んで、そんな風に感じられたかもしれません。たしかに日本の現状とシリコンバレーは、労働慣行がずいぶん違います。それでも、この本の主張には大いに共感するところがありますし、会社と人の新しい関係を模索するなら、学べる点がいくつもあると私は思います。

なぜ、会社と人が新しい関係を築いていかなければならないのか。その理由をいくつか述べたいと思います。

フラットで互恵的な関係は、これからの社会の価値観に合っている

『インターネット的』という本があります。私の現在の上司である糸井重里が二〇〇一年に上梓し、インターネット浸透後の社会のありようを的確に見通したことで、発売直後よりはむしろ近年に大きな注目を集めたロングセラーです。本の中では、インターネットがもたらすさまざまな変化の中でも注目すべきは「リンク」「フラット」「シェア」という三つの価値観であり、それらの価値観は、むしろインターネットの外にある社会全般にゆたかさをもたらす、と述べられています。

端的にいえば、これからの社会において、人と人とは、インターネットがそうであるように、「リンク」し合い、「フラット」な関係を認め合いながら、互いに「シェア」していくことになるだろう、ということです。

糸井重里が運営するウェブサイト「ほぼ日刊イトイ新聞」は、「インターネット的」価値観をまさに体現しているメディアだといえます。先に述べたインターネット後の価値観も、私にとっては単なる上司の意見という位置づけではなく、「世の中、たし

かにそうなってる」と実感をもてる考え方です。

私は、本書が提言している会社と個人の関係は、まさに「インターネット的」だと思っています。信頼に基づき、会社と個人が互恵的で「フラット」な関係を結ぼうというコンセプト。今の経営者や社員も「卒業」した元社員も同じ信頼関係で網の目のように「リンク」し合う。そのネットワークの中で、社内外からの情報、任務の目標、個人の価値観や「なりたい姿」を「シェア」する。

一方、古い価値観を保守する既存の会社はどうでしょう。組織の仕組みはヒエラルキー型で「フラット」の逆です。相互の関係もピラミッド型の構造の中で規定され、網の目のような「リンク」型ではありません。情報は社内に溜め込まれ、社内においてもさらに上層部が囲い込みがちです。個人の価値観や「なりたい姿」は会社に持ち込まれることがなく、互いに「シェア」しないのが、むしろ美徳とされる傾向さえあります。

こうした会社と個人の関係は、かつては社会の価値観に合致したものだったのでしょう。でも今は、インターネットの中では、ひとりの生活者もグローバルな大企業も、ツイッターやフェイスブックの同じ一アカウントです。画面上では、大企業もフォローし合っている友だちと同じ大きさで表示され、同じ手軽さでコミュニケーションが取れます。生活者としての個人にとって、企業との関係は「インターネット的」であることが当然になりつつあります。これが働く人としての個人と企業との関係に影響を及ぼさないはずがありません。本書に示された「アライアンス」関係は、これからの社会の価値観に合った雇用モデルです。

「信頼」という人間の本源的な資質に根ざしている

本書が提示している会社と個人のパートナーシップは、「信頼関係」に基盤を置いています。「信頼」は、人間が古今東西を問わず、大切にしてきたことです。

それでは、会社と個人の「信頼」は、今後、どのようになっていくことが望ましいのでしょうか。

インターネットやソーシャルメディアの発達により、日本においても、「組織」内部の人材だけでなく、会社の外にいる「市場」の人材を会社の経営資源として活用できる環境が整ってきました。一般的には「信頼関係」は「組織」と親和性が高いけれど、「市場」はただの「取り引き」だけで冷たいイメージがあるかもしれません。つまり、社内の人間は「信頼」しやすいけれど、社外の人材とは「取り引き」をする関係で、「信頼関係」は結びにくい。

たしかに、「市場」とのやり取りは、互いに感情を抜きにして請け負った任務を全うし、適正な報酬を交わすのみ、というイメージです。しかし、本書には「市場」の人材と長期的な信頼関係を築き、それに基づいて重要な仕事を互いにとって理想的な環境で進めて行く、という実例がいくつもあげられています。

個別の事例や施策は、日本の雇用慣行に必ずしも合わないかもしれません。しかし、会社と働く人の信頼関係を最重視する姿勢は、これからの社会において無視してはならないものです。つけ加えると、そういった姿勢は一時的なトレンドではないと私は考えます。会社と個人が、人間が古来からずっと追い求めている「信頼」に基づいた関係を築く。本書の基本コンセプトの「アライアンス」は本質的であり、普遍性があると私は思います。

退社した人との新しいネットワーク

本書の主張は、過去に私が個人的に経験してきたことと重なる点が多く、とりわけ退社した人との関係においては、これからの社会において「そうなっていくべき」であるし、「かならずそうなっていく」のではないかと感じました。

先にお伝えしたように、私はこれまで五社で働いてきました。新卒入社した長銀は少数精鋭で知られ、私が大学生で就職活動をした頃にはとても人気がありました。業績も好調で、終身雇用は当然の前提でした。ところが、入社から七年後の一九九八年、長銀は経営破綻し一時国有化されます。社会人のスタートを切った会社であり、周りからも認められていた歴史ある会社が、数年で潰れてしまったわけです。

破綻時、私はすでに退職していましたが、「どんな立派な会社でも倒産してしまうものだ」ということが強く心に刻まれました。しかし、結果的にそれは、悪いことだけではなく、新しい学びももたらしました。

職場の仲間たちは、他の金融機関だけでなく事業会社にも、また、日本企業だけでなく外資系にも移っていきました。公務員、起業家、教員になった人もいます。勤めていた会社の破綻によって、多種多様な場で活躍する人脈のネットワークができたのです。互いに教え合い、時には仕事で助け合う「生きた」ネットワークです。

その後、私が転職したマッキンゼーという会社は、本書の考え方がまさに体現されている職場でした。Make your own McKinsey ——「あなたのマッキンゼーを作ろう」。自分の「なりたい姿」を主体的に掲げ、それが実現できるようにマッキンゼーでチャンスをつかもう。そのように研修で指導され、目指す将来像を問われ続けました。

本書の中でも触れられているのですが、マッキンゼーは退職した「卒業生」のネットワークが強固で、そういった関係を会社も奨励し、積極的にバックアップしています。実際、私はマッキンゼーを退職したあとも、さまざまな年代の「卒業生」と交流が活発で、今もさまざまな形で助けられています。

幸運にも、というべきかどうか、私は転職のたびに経験や知識を得るだけでなく、新しい関係を築き、それが自分を大いに助けてくれている、と感じています。

約七年前、現在の職場である東京糸井重里事務所への入社を検討するにあたって、私は会社にはっきりとこう伝えました。

「私はこれまで、結果的に転職を何度もしてきました。初めから辞めることを決めているわけではありませんが、もし定年までずっとここで働くことを期待されているなら、今回のお話はお受けしないほうがいいと思っています」

転職がマイナスではなく、新しい関係を生みだすものだと感じているからこそ、まず私は、自分の前提として、そのように伝えたのだと思います。そして、「結果的に」糸井事務所は私のキャリアの中で在籍期間のいちばん長い職場になっています。

このようなさまざまな経験から、定年まで働くことを前提にしなくても会社と信頼関係を築けること、転職後もかつての会社と円満な関係を続けられること、そして中途退職者のネットワークに参加することのメリットを私は実感してきました。これが、本書に共感した最大の理由です。

あなたの「アライアンス」を

本書の原題はThe Allianceです。Alliance（アライアンス）はおもに国同士の「同盟」、企業同士の「提携」を指す言葉で、それを会社と働く人の関係に転用したところに特徴と面白みがあります。日本語の題を考えるにあたっては、さまざまな可能性を検討しました。「アライアンス」と原語を直輸入した場合、日本語の文脈では企業同士の提携の意味合いが強く、その意味合いもビジネスのプロ以外に通用するのか疑問がありました。そこで「雇用提携」「パートナーシップ」などの訳語も考えましたが、周囲の人に聞くと、本書の提唱する企業と個人との新しい関係をイメージしにくいという意見が想像以上に多く出ました。著者の意図がストレートに日本の読者に伝わるなら、原題のままにしよう。最終的に、そう決めました。

本書の内容がそのまますぐに適用できる日本企業や職場は多くはないでしょう。アメリカ固有の労働慣行を前提に書かれているように感じる箇所もあります。それでも、経営の視点でこの本を読むなら、市場にある人的資源をどう活かすか、どうやって社員のキャリア形成をサポートし、会社との間に信頼を醸成するか、本書の内容と自社の実情を比較しながら読み進めると、雇用慣行など彼我の差をおいても得るところが多いのではないかと思います。

また個人の視点で読む場合は、会社と「アライアンス」を結ぶとしたら自分は何を求め何を約束したいか、考えることをお勧めします。本書が少しでもお役に立ち、あなたと本書の長いアライアンスが始まりますように。

アライアンス　目次

8 「卒業生」ネットワークを活かすには

効果的に導入するためのコツとテクニック

1

ネットワーク時代の新しい雇用

職場に信頼と忠誠を取り戻す「アライアンス」とは

あなたは転職した。今日がその初出社の日だ。新しい職場に着くと直属の部長が出迎える。彼女は、ようこそ、これで「家族」の一員ね、と手厚く歓迎してくれる。この先、長く勤めてくれたらうれしい、というようなことをいい、あなたを人事部に引き渡す。人事部のメンバーはあなたを会議室の椅子に座らせ、三〇分かけて次のような説明をする。今日から九〇日間は試用期間であり、それを過ぎてもあなたは随意雇用（訳注：契約の両当事者とも、一方的に契約を破棄できるという雇用契約。米国では一般的）の社員です、と――。つまり、常に解雇される可能性があるということだ。どのような理由でもクビになり得る。あなたを解雇すべき理由を上司が一つも思いつかなくても、それでも解雇されることもある、という意味だ。

今、あなたが目の当たりにしたのは、まさに今日の雇用関係の根底にある「すれ違い」だ。雇用主と社員の関係は現在、このような「ごまかし」の上に成り立っている。

今日、真剣に雇用を保証しようなどという企業はほとんど存在しない。そんな約束をする企業は、雇われる側からも、世間知らずか不誠実か、もしくはその両方だと思われてしまう。会社はそんな約束はしない。そのうえ、どれだけの期間あなたに勤めてほしいのか、という点についてはあいまいな言い方しかしない。会社の本音は「優れた」社員だけに残ってほしいのだ。どれほど長くいてほしいのかといえば……「いつまでも」だ。

実は、この「あいまいさ」こそが信頼関係を壊している。このような企業は社員側に忠誠を求めながら、会社側は何も約束しないというのだから。

このようなやり方に対し、雇われる側の多くは、賭ける先を分散してリスクヘッジすることで応えてきた。転職のチャンスがあればすぐに飛びつく。今の会社の採用面接や年次査定でどれほど会社への忠誠を語っていようと気にしない――。

このように雇用主も社員も、建前と行動が矛盾している。そして、そのことにたいして疑問を持つこともない。それぞれの自己欺瞞のせいで、お互い相手を信頼できない。本来なら雇用関係から双方がもっとメリットを得られるはずなのに、十分にそれを活かせないのも当然だろう。雇用する側からは貴重な人材が常に流出している。雇用される側は、常に新たな雇用機会を探して市場に目を凝らしていて、目の前の仕事に全力投球できない。

上司であるマネジャーは、両者の間で板挟みになってしまっている。こうした問題から逃げ、ましてや問題解決に動くことなど考えられない。なんとかして大事なプロジェクトの完了まで離職者を出さないことばかり心配している。部下の将来を見据えて、いかに成長させるかを考えるマネジャーなどいない。誰だって入れ込んだ相手から冷たく切り捨てられるリスクは避けたい。だから誰も、長期的な関係をじっくり育もうとしない。

雇用主の会社、上司となるマネジャー、雇用される社員。三者とも新たな関係構築の枠組みを必要としている。実際に守れる約束を土台にした関係が築けるように──。その枠組みを示すことこそ、本書の狙いである。そのような枠組みがあれば、会社を成功させ、社員に素晴らしいキャリアを提供するために大いに役立つと確信している。

米国においても一昔前の雇用モデルは、終身雇用であった。それは、当時の安定した時代にうまく合っていた。変化の少なかった時代、企業は成長して規模の経済とプロセス改善から大きなメリットを得ようとした。そして巨大企業はそこで働く人に暗黙の約束をした。「会社のため忠実に働くなら、見返りに終身雇用を提供しよう」──。

ゼネラル・エレクトリック（GE）の福利厚生担当マネジャー、アール・ウィリスは一九六二年に次のように書いている。「雇用を最大限安定させることは、当社が最優先する目標の一つです[1]」

この時代、キャリアというのは結婚と同じくらい恒久不変のものだと見なされていた。雇用主と社員は互いに誓いを交わすのだ。苦しい時も楽しい時も、好況も不況も乗り越え、定年退職が両者を分かつまで——と。ホワイトカラーにとって、キャリアを積むのはエスカレーターに乗るようなものだった。きちんとルールを守っていれば、確実に昇進できた。雇用する側もされる側も雇用関係が恒久不変だと思っていたから、双方ともその雇用関係のために、そして相手のために喜んで時間とエネルギーを投入した。

だが、世の中は変わった。考え方も技術面も大きく変化した。株主資本主義の台頭により、会社とマネジャーは株価を押し上げるための短期的な財務目標の達成を優先するようになった。たとえば「規模の適正化」（かつて「解雇」と呼んだものを言い換えたにすぎない）といった短期的なコスト削減策が重視され、長期の投資は二の次になった。ほぼ同じ頃、マイクロチップの開発により情報化時代が到来し、コミュニケーション革命とビジネスのグローバル化が急速に進んだ。米自動車メーカーの「ビッグスリー」などの企業は、気がつけば贅肉の少ないハングリーな相手と競争するはめになっていた。

このような変遷の結果、一九五〇年代と六〇年代の「安定」は、急激で予測不能な「変化」に取って代わられた。かつては安泰に思えた大企業も次第にS&P五〇〇企業から転落するようになり、その転落スピードは増すばかりであった。[2]新しい時代、事業で成功してそれを維持するカギは、適応力と起業家精神だ。コンピュータとソフトウェアの普及でムーアの法則が経済の隅々まで行き渡るにつれて、この二つの重要性は高まっていった。今日、インターネット接続さえあれば誰でも世界中の何十億人もの人々と繋がることができる。人類の歴史上、これほど多くの人がこれほど多くのネットワークで繋がったことは一度もない。

比較的安定していた時代に最適だった終身雇用という伝統的な雇用モデルは、現在のネットワーク時代には硬直的すぎる。昔ながらの出世の階段は、もはや米国企業にはほとんど見られない。程度の差こそあれ、この伝統的な雇用モデルは世界中で解体途上にある。

こうした競争上の圧力に対応するために、多くの（おそらくはほとんどの）企業は組織の柔軟性を高めようとした結果、雇用関係を契約書に明記された取引関係に矮小化した。社員もその仕事内容も、短期間で取り換え可能なコモディティとして扱うようになった。コスト削減が必要なら社員を切ればいい。会社に今までにない技能が必要なら、社員研修などせずに新たに雇用すればいい――。企業は「我が社にとって社員こそ最も価値ある資産です」と力説するが、株主や証券アナリストが支出削減を要求すると、「最も価値ある資産」は、あっという間に最も簡単に取り換え可能な資産に変身する。

一九八〇年代に全米産業審議会が行った調査によると、企業幹部の五六％は「会社に忠実で事業目標を推進する社員には、雇用の維持を保証すべきだ」と考えていた。その数字はわずか一〇年後に六％へと激減する。[3] GEは、先ほど紹介したとおり、かつては雇用安定の最大化を重視していた。しかし一九九〇年代になると、同社のジャック・ウェルチCEOはこういったそうだ。「企業への忠誠心？　無意味だ」[4]

随意雇用の時代になると、働く人は自らを「フリーエージェント」だと考えようと吹聴されるようになった。自分を高めるチャンスを常に追い求め、よりよい仕事に誘われたらいつでも転職するのがフリーエージェントだ。タワーズワトソンが二〇一二年に実施した「グローバル・ワークフォース・スタディ（労働者の意識調査）」によると、調査対象者のおよそ半数が、今の雇用主の下にいたいと思っているにもかかわらず、ほとんどの人は、もし他社から誘いがあれば、自分のキャリアアップのために申し出を受けざるを得ないと感じていることが判明した。[5]

「ビジネスってこんなものだろ」――このような考え方が今や主流になった。忠誠心には滅多にお目にかかれず、長期の絆はさらに珍しい。幻滅だけはたっぷりと蔓延している。

かくして、「当社へようこそ！」の歓迎タイムが終わると、上司であるマネジャーと部下の社員は、この雇用関係がお互いの自己欺瞞の上に成り立っていることを知りながら向き合うことになる。それに関してできることは何もない。

どれほど企業が安定した時代を懐かしがり、社員が終身雇用を切望しようとも、もう引き返せないところまで世界は変わってしまった。とはいえ、今までのようなやり方をこの先続けていくこともまたできない。というのも、今のビジネス界に対する信頼度は史上最低に近いからだ（ここでいう「信頼度」とは、自分の勤務先の「経営陣と組織に高い信頼を置く」と答えた社員の比率を指す[6]）。忠誠心を得られない企業は、長期的思考ができない企業である。長期的思考ができない企業は、将来に向けた投資のできない企業である。そして、明日のチャンスと技術に投資しない企業は、すでに死に向かっている企業なのだ。

アライアンス

終身雇用の時代にも戻れず、現状維持もできないならば、今こそ雇用主と社員の関係を見直す時ではないだろうか。ビジネスの世界は、相互信頼と相互投資、そして相互利益を高めるような新しい雇用の枠組みを必要としている。転職を繰り返す傭兵のようなジョブ・ホッパーにならなくても、社員に、個人のネットワークを広げる行動、起業家精神に富んだ行動を促す。そんな枠組みが、一つの理想となるだろう。そのような雇用の枠組みがあれば、企業自身も、変化へのどん欲さや社員への要求水準の高さを保ちながらも、社員を使い捨て資産のように扱おうとは考えなくなる。

本書では、企業と社員がこれから進むべき道を詳しく解説していく。終身雇用という旧式の雇用モデルを復活させるのは無理だが、経済環境の現実に即しながら、企業と社員がきちんとコミットし合えるような、新しいタイプの信頼関係を生み出すことは可能なのだ。本書の目的は、雇用を「取引」ではなく「関係」としてとらえるための枠組みを示すことにある。雇用を「**アライアンス**」だと考えてみよう。自立したプレーヤー同士が互いにメリットを得ようと、期間を明確に定めて結ぶ提携関係である。マネジャーと社員がお互いを信頼して相手に時間と労力を投入し、結果的に強いビジネスと優れたキャリアを手に入れる。「アライアンス」は、そのために必要な枠組みとなるのだ。

アライアンスの関係は、雇用主と社員が「どのような価値を相手にもたらすか」に基づいてつくられる。雇用主は社員に向かってこう明示する必要がある。「当社の価値向上に力を貸してほしい。当社も『あなた』の価値を向上させよう」――。ベイン・アンド・カンパニーのチーフ・タレント・オフィサー、ラス・ハーゲイも、新入社員や社内のコンサルタントに向けて同じことをいっている。「我が社は君たちの（一般的な労働市場での）市場価値をさらに高めるつもりだ」

一方で、社員は上司に向かって次のように明示する必要がある。「私が成長し活躍できるように手を貸してください。私も会社が成長し活躍するための力になりましょう」――。社員は会社の成功のために時間と労力を投入し、会社はその社員の市場価値向上のために時間と労力を投入する。ただカネと時間を交換するのではなく、互恵的な提携関係を結ぶことで、雇用主と社員がこの関係に投資でき、より大きな果実を狙うために必要なリスクを負えるようになる。

たとえば、せっかく大金を投じて社内研修や人材開発プログラムを実施しても、その数カ月後には受講者が会社を辞めていく姿を見て、人事部長や経営幹部の多くは歯ぎしりをする。自社の社員をフリーエージェントと見なすなら、研修予算を大幅にカットするのが自然な対応だ。なぜ、わざわざ競合の採用予定者を研修する必要があるのか。だが、アライアンスなら違ってくる。マネジャーは部下の社員に対し、会社がその社員にどのような投資をするつもりか、そしてかわりに何を求めるのか、オープンに誠実に伝えることができる。社員の側は、自分がどんな成長をしたいのか（スキルか経験か、など）、そのかわりに努力と献身を通して、会社にどんなメリットをもたらそうと思っているか、オープンに誠実に語れるようになる。両者とも自分の期待値をはっきりと相手に示すのだ。

会社とマネジャー、社員の三者がこのやり方を採用すれば、三者ともが中・長期のメリットを最大化することに集中できる。三者で分け合うパイは拡大し、会社のイノベーションとレジリエンス（復活力）、そして適応力は高まる。

「家族」から「チーム」へ

ネットフリックスのCEOリード・ヘイスティングは、同社の企業文化をテーマにした有名なプレゼンテーションで次のように述べている。「我々はチームであって家族ではない」[7]。続けて彼は、マネジャーたちにこう自問するよう勧めた。「うちの社員がもし同業他社に転職して似たような仕事に就くといった時、あなた自ら必死で慰留するのはどの社員だろうか？　それ以外の社員はみな、今すぐ手厚い退職金を出したうえで辞めてもらおう。そうすれば、その仕事ができるスター人材の獲得に向けて、空席ができる」――。

自社を「家族的」と表現するＣＥＯは、ほとんどの場合、なんら悪意を持たずにいるのだと思う。彼らが社員との間に築きたいと願っているのは「帰属意識を持てる一生の関係」である。それを表現するモデルを探して「家族」という言葉に行き着く。だが、この言葉は誤解を生みやすい。

本当の家族なら、両親が子供をクビにすることはできない。我が子の働きぶりが悪いからといって縁を切る親を、ちょっと想像してみよう。「スージー、残念だけどママとパパで決めたよ。君は我が家にふさわしくないんだ。うちはお客さんへの素晴らしいもてなしが評判なのに、君のテーブル・セッティングのスキルはその水準に達していない。去ってもらうしかないんだ。でも悪気はないんだよ。家族ってこんなものだろ」――。現実にあり得ない話だ。しかし、自社を家族だと表現した後でレイオフを実行するＣＥＯは、実質的にこれと同じことをしている。随意雇用に関する法律がどうであろうと、実際にこんな目にあった社員は傷つき、裏切られたと感じるだろう。当然だ。

これと対照的に、プロスポーツのチームには具体的な使命（試合に勝ち優勝すること）があり、その使命達成のためにメンバーは一丸となる。チームの顔ぶれは時とともに入れ替わるが、それはメンバーが他のチームに移ると決めたから、もしくは、チームの経営陣がメンバーを切ったりトレードしたりすると決めたからだ。この点で、ビジネスは家族というよりもはるかにスポーツチームに似ている。

プロのスポーツチームは終身雇用を前提としていないにもかかわらず、相互信頼と相互投資、そして互恵の原則が機能している。個人の栄光よりもチームの勝利を優先するほどメンバー同士の信頼が強い時、チームは勝つ。逆説的だが、そのようにしてチームとして勝つことが、メンバーの個人的成功にとっても最短の道になる。常勝チームのメンバーは他チームから引っぱりだこになるが、それは彼らがスキルを発揮することに加えて、新しいチームでも「勝つためのカルチャー」を築くことができるからなのだ。

スポーツチームの比喩は、我々がどのように、そして何のために「一緒に働く」かを浮き彫りにしてくれる。そのうえで「家族」の比喩にも改めて意味を見出すことができる。我々がどのように「お互いの関係をつくる」かをはっきりと示してくれるからだ。思いやりと深い理解、そして敬意を持って関係をつくるべきなのだ（自社のOB・OGを集めた「卒業生」ネットワークを構築するメリットの一つは、会社と社員の関係を家族のようなものにできる点にある。しかも、同じ屋根の下に暮らさなくなった後でもこの関係は続く。詳しくは第7章と第8章に）。

起業家タイプの人材を活かす

著者である我々三人は、雇用のアライアンスという形態がすでに根づいているビジネス環境にいる。シリコンバレーにあるハイテク新興企業のコミュニティだ。過去一〇年間のこの地域の経済成長が証明しているように、ここはさまざまな技術の実用化やイノベーションに、世界で最も適した場所である。シリコンバレーのエコシステムの専売特許ともいえる特徴は「適応力」だ。変化が急で破壊的イノベーションに満ちた環境でもしぶとく生き残る能力を自分の組織に望むなら、この「適応力」を鍛える必要がある。

もちろん、多くの業界ではシリコンバレーとは違った力学が働くし、既存の大企業がスタートアップ企業のやり方をそのまま真似るべきケースはあまりないだろう。ここで大事なのは、シリコンバレー流から「どの部分」を学び、一般にも適用したらよいかを見極めることだ。主流メディアはシリコンバレーというと、見かけは派手だが些末なことを取り上げがちだ。社員食堂の四つ星料理や気晴らし用の卓上サッカー・ゲームのおかげでシリコンバレーが成功しているかのような扱いはいただけない。ストック・オプションの効用に関する論説ですら、フェラーリの性能を真っ赤な外装のおかげとするようなものだ。

シリコンバレーが成功した本当の秘訣は何か。一言でいえば、ここにいる人々こそが答えのすべてだ。確かにマスコミには業界の若き天才たちの話が山ほど出てくる。だが、この地の経営手法について取り上げた記事は驚くほど少ない。大手メディアはシリコンバレー成功の理由を見落としているのだ。それは、この地の企業が社員との間に築く「アライアンス」の手法にある。ここシリコンバレーでは、本当に人材こそが最も価値ある経営資源であり、社員もそれにふさわしい扱いを受けている。ここで大成功を収めた企業はみなアライアンスの手法を用いている。非常に力のある起業家タイプの人材を獲得してチームを結成し、彼らを上手に使いこなし、会社に留まりたいと彼らが思い続ける手法としてアライアンスを用いているから成功したのだ。

起業家タイプの社員は、イーベイのCEOジョン・ドナホーいうところの「創業者マインド」を持っている。ドナホーが我々に話した時の言葉を借りれば、「この『創業者マインド』を持っている人たちは、変化をもたらし、周囲をやる気にさせ、必ず仕事をやりとげる」。我々の前著『スタートアップ！　シリコンバレー流成功する自己実現の秘訣』（日経BP社、二〇一二年）では、プロフェッショナルな個人に向けて創業者マインドを育てる方法を示した。このマインドは、一度も転職しない場合や一回しか転職しない場合も含め、あらゆるキャリアプランに有効だ。実際、創業者マインドを持つ人全員が、いつか必ず起業するわけではない。そのような気持ちを持っている人の多くが、イーベイやリンクトインで大いに満足して働いている。ただし、そのような会社は例外なく、社員に起業家的な行動を推奨するようなアライアンスを導入している。会社が社員の背中を押して個人のキャリアをスタートアップのように熱心に取り組ませることは、会社にとってもプラスになる。

それは、逆のことを考えてみるとわかりやすい。「自分個人のキャリアに積極的に投資しなければ」という切迫した必要性を感じない社員は、スピーディで決然とした行動を取れない。そんな社員ばかりの会社では、変化に適応して成長することはできない。

この「創業者マインド」、およびそれを会社に根づかせるのに必要な「アライアンス」は、昔からこれほど重要であったわけではない。オールドエコノミー、すなわち経済が安定していた時代には、効率性が最重要の美徳であった。雇用主は社員に一本道の固定コースを用意し、時間をかけて一つの専門性を極めさせた。しかし市場が変化すると専門性は、えてして資産から負債へと変わる。米国では「馬車用むち製造業者」

のたとえでよく語られるパターンだ。熾烈な競争と急速な技術的変化が伴うニューエコノミーにおいて、市場は常に変化し続ける。今日、**企業にとって一番大事な社員の能力は、起業家のように考え、動く力**なのだ。競争のスピードが上がるにつれ、この能力はますます必要不可欠になってきている。わずか数人の起業家タイプの社員が会社にどれほどの影響を及ぼすものか、ピクサー・アニメーション・スタジオとアマゾン・ドット・コムというイノベーションの巨人二社を例に考えてみよう。

ピクサーのジョン・ラセター

ジョン・ラセターは、あらゆるイノベーティブな企業が欲しがる起業家タイプの社員だ。もし『トイ・ストーリー』や『ファインディング・ニモ』、『モンスターズ・インク』などの映画を観たことがあれば、彼の仕事ぶりがよくわかるだろう。ラセターのつくった映画は米国だけで三五億ドルを超える総売上げをもたらし、一本当たりの興行収入は平均で二・五億ドル[8]。ピクサーが史上最も成功した映画スタジオとなったのは彼のおかげだ。だが大半の人は、前の職場であるディズニーが、彼をクビにしたエピソードを知らない。

ラセターは若きアニメーション・デザイナーとしてディズニーでキャリアをスター

トした。まだ紙とペンで絵を描いてからフィルム化してアニメーションをつくってい た時代だ。ある日、「CGアニメ」という新興技術についての会議が地元で開催され、参加した同僚が一本のビデオを持ち帰ってくる。これを見たラセターの頭にビジョンがひらめく。「ディズニーは全編丸ごとCGアニメを使った映画をつくるべきだ」――こう確信したラセターは経営陣のところへ行き、このアイデアを売り込む。役員たちはじっと熱弁を聴き、話が終わると彼に自分の席に戻るようにいった。数分後、ラセターはディズニーのアニメーション部門のトップから電話をもらい、自分がクビになったことを告げられる。常軌を逸したアイデアに気を取られすぎている、というのがその理由だった。

創業者マインドを持つ人の多くがそうであるように、ラセターも決して自分の夢をあきらめようとしなかった。ジョージ・ルーカスのルーカスフィルムに加わり、エド・キャットムル率いるコンピュータ事業部の一員としてCGアニメを追求し続けた。数年後、ジョージ・ルーカスは当時不採算部門だったこの事業部をスティーブ・ジョブズに売却し、ジョブズはこれを独立した会社にしてピクサーと名づけた。そして一九九五年、ピクサーはディズニーと組んで世界初のフルCGアニメ映画『トイ・ストーリー』を公開するのである。

『トイ・ストーリー』公開から一一年後、そしてラセターの解雇から二三年後にあたる二〇〇六年、ディズニーはかつてCGアニメを否定したことが間違いであったと認め、ついにラセターを呼び戻すことになる。ただし、授業料は相当高くついた。なにしろウォルト・ディズニー・カンパニーはピクサーを買収するのに七〇億ドル以上を支払ったのだから。このようにして結局ラセターは、ディズニー・アニメーション・スタジオのチーフ・クリエイティブ・オフィサーとしてディズニーに戻ってきたのである。[9]

ディズニー経営陣は、ラセターのような才能ある起業家タイプを雇いながらも、提携相手というよりむしろ代替可能なコモディティのごとく扱い、そのせいで数十億ドル単位の事業を生み出すチャンスを逃した。仮にディズニーにいたままだったとしても、ラセターは喜んでこの事業を社内で育てたことだろう。それなのに幹部がそうさせなかったのだ。

ベンジャミン・ブラックとアマゾン・ウェブ・サービス

アマゾンはディズニーのような過ちを犯さなかった。近年、同社は雇用におけるアライアンスの原則を活かして数十億ドル単位の新事業、アマゾン・ウェブ・サービス（AWS）を生み出した。おかげで同社はクラウド・コンピューティングの分野でトップ企業になっている。この事業は、企業が自前でサーバを購入・管理しなくてすむようオンラインでストレージ（記憶装置）とコンピュータ能力をレンタルできるサービスだ。フォーチュン五〇〇に選ばれる巨大企業から個人経営のスタートアップまでが、自社の事業をＡＷＳ上で運営している。知る人はほとんどいないが、実はＡＷＳのアイデアを出したのは、旺盛な起業家精神で名高い創業者兼ＣＥＯのジェフ・ベゾスではない。ベゾス直属の経営幹部でもない。一人の「一般社員」が考え出したのである。

二〇〇三年、ウェブ担当の技術マネジャーのベンジャミン・ブラックは、短い報告書を書いた。アマゾンのインフラ設備についての将来像を描き、サービス業として仮想サーバを販売することを提案したのだ[10]。彼は、アマゾンは非常に効率的な小売事業であり、それを支える運用ノウハウを転用すれば、コンピューティング・パワーを求める一般市場にもそのまま役立つのではないか、と気づいたのだ。ブラックと上司のクリス・ピンカムは、ベゾスにこのコンセプトを売り込んだ。何度かやりとりした後、ベゾスはのちにＡＷＳを生み出すことになるプロジェクトの責任者にピンカムを据えた。アマゾンの取締役会は、はたしてこれほどオンライン小売業と無関係なことに取り組むべきなのかと疑問を呈したが、ベゾスはこのアイデアを擁護し、強引に認めさせた。ＡＷＳは二〇〇六年にサービスを開始し、二〇一三年には推定三八億ドルの売上げをアマゾンにもたらしている。[11]

ディズニーにいたジョン・ラセターの上司とは違い、ベゾスは社員一人ひとりが起業家タイプの貢献をすることに前向きだった。たとえ株主や証券アナリスト（それどころか自社の取締役会）がそのアイデアをコア事業から外れていると見なした時でさえ、前向きに擁護した。AWSは、あらゆるCEOや株主が自社の社員に期待する価値創造を、見事に体現した実例である。もしあなたが、自社の社員にも、仕事をしながら数十億ドル規模の事業を思いついてほしい、と考えるならば、創業者マインドを持つプロフェッショナルをあなたの会社に呼び込むのだ。彼らからほとばしる、抑えきれない起業家精神を活用するしかない。まさに、インテュイットのCEOブラッド・スミスが我々に語ったように、「リーダーの仕事は人々に力を植えつけることではない。それはすでに人々の中にある。そこに気づき、その力が芽生え、育つ環境を整えるのがリーダーの仕事」なのだ。

誠実に話し合う勇気を持つ

この本を書いたのは、我々の考える「雇用主—社員」関係の理想像をみなさんに伝えるためである。「アライアンス」という我々のコンセプトは企業経営に関する一般的な考え方から逸脱しており、反論を招くかもしれない。我々が言わんとすることすべてには賛成できない人もいるだろう。

あなたは、今日の組織が変化に適応して成長するために必要な優秀な人材を獲得し、上手に使いこなし、会社に留めておくことが優先課題だと考えているだろうか。もしそうなら、本書にある、そのための枠組みも実用的アドバイスも有用と感じるだろう。付録Aとして「アライアンスの合意書」の詳細な見本も用意した。以下、本書では次のような課題に取り組んでいく。

●終身雇用を保証できないとしたら、社員から信頼と忠誠心を得るにはどうすればいいのか?

●タイプや職位が異なる社員に対し、それぞれどのようなアライアンスを結べばいいのか?

●最終目標も価値観も会社とは違うであろう起業家タイプの社員と、どのようにして関係を築くのか?

●職場における社員のネットワークづくりと個人ブランド構築は、どのようなものなら認めるべきか?

●限られた時間と経営資源を使って効果的に「卒業生」ネットワークを運営する方法は？

アライアンスを導入するなら、CEOが主導して全社一丸で取り組むのが理想的だ。CEOや経営幹部が前記のような問題についで自社ではどう考えるべきか、本書では全編を通して議論を展開している。また、会社のOB・OGを集めた「卒業生」ネットワークを設立するなどといった提案のように、CEO室が直々に実施を支援するのが望ましいものもある。

だが同時に、アライアンス導入の一番重要な担い手となるのは現場のマネジャーであることも、我々は認識している。もしあなたがマネジャーなら、本書の中からアライアンス導入の助けとなるツールを活用し、自分が率いる事業部やチームの変革に着手できるはずだ。

あなたが一社員ならば、本書を読むことで上司であるマネジャーとアライアンスの話し合いをする際に何を約束でき、何を要求できるのかが理解しやすくなる（起業の考え方を個人に適用してキャリアアップを図る方法について直接的な助言が欲しい人は、前著『スタートアップ！』を参照してほしい）。

本書は「何か新しいビジネスのやり方が必要だ」とただ主張するだけの本ではない。

実際にそれを行う方法を詳細に示した設計図である。適応力を犠牲にせずに、遠い未来に向けた長期投資を行う方法だ。アライアンスは、社員の適応力と熟練度を増すことで彼らの価値を高め、マネジャーには、直属の部下をより上手に使いこなすためのツールと道標を与え、会社には、起業家タイプの社員を効果的に活用し、会社にいようと思い続けてもらう方法を示してくれる。

2 コミットメント期間を設定しよう

アライアンスは仕事の内容と期間を定める

二三歳の時には職歴が白紙だったデビッド・ハーンは、今やシリコンバレーのエグゼクティブの中でも最も引っ張りだこの一人である。いかにしてそのような変身を遂げたのか？　答えはリンクトインで過ごした九年間をどう設計したか、その独自の工夫にある。それぞれ内容の異なる四回の「コミットメント期間（ツアー・オブ・デューティ）」によって、ハーンは会社と自分のキャリアを一変させた。

最初のコミットメント期間では一スタッフとして働き、最後のコミットメント期間ではバイスプレジデント（事業部長級）としてリンクトインの収益サービス全般を管掌した。ハーンはいずれの期間でも、それぞれの上司と、雇用する側とされる側の双方の長期的利益につながるコミットメント目標を慎重に定めた。会社側は、ハーンの仕切りのもとで何十もの重要プロダクトを市場に送り出すことができた。社員側（ハーン）は、優れた起業家になるという長年の目標の実現に向け、事業のマネジメントという不可欠の経験が得られた（ハーンの価値観と目標については第3章で詳しく触れる）。

リンクトインのマネジャーとなってからは、ハーンはコミットメント期間についてきちんと部下と話し合った。複数の分野で業務経験を積めるよう、部下たちにもコミットメント期間をローテーションして、リンクトイン社内で次のコミットメント期間に移れるよう勧めたのだ。ハーンは部下の多くが自分の下で働くことに何の不満もないことを知りながら、そのように勧めたのである。彼は、部下の成長を助けることは自分の義務だと認識していた。

長期的関係のために定期的に仕事を変える――一見矛盾しているようだが、これが「コミットメント期間」（ツアー・オブ・デューティ）の枠組みの真髄である。

「ツアー・オブ・デューティ」はもともと軍隊用語で、任務や配置の割り当て一回分を意味する。軍に属している間、通常なら兵士は複数回のコミットメント期間を務めることになる。ちょうど社員が一つの会社や自分のキャリアの中でさまざまな部署やプロジェクトにいくつも取り組むのと同じだ。

もちろん軍と企業の共通点はほんの一部だ。会社を軍の部隊と同じように運営するのは難しいし、おそらく愚かなことだ。今の時代ではなおさらだ。企業のマネジャーには、部隊長の持つ権限も手段もないだろう。社員なら会社を去る時に送別会をしてもらえるかもしれないが、兵士が許可なく部隊を去れば、無断離隊で軍法会議にかけられる(そしておそらく数年間を軍事刑務所で過ごすことになる)。また大半の企業は、米軍のような雇用保障も社会的セーフティネットも提供する気はないだろう。それでも「ツアー・オブ・デューティ」という比喩的な表現を使うのは、軍と民間企業のいずれのコミットメント期間にも共通する重要なコンセプトを伝えることができるからだ。それは「**ミッションを期限内に成し遂げることに専念し、そこに個人の信用をかけている**」という考え方だ。

本書が扱う「アライアンス」の文脈で使われる時、この「コミットメント期間」は特定のミッションに対する会社と社員の道義的責任を具現化したものを意味する。これは、終身雇用とフリーエージェントの両方のメリットを取り入れる方法だ。会社と社員は終身雇用と同じように信頼関係を築き、長期的な関係に互いに投資することができるようになる。フリーエージェントと同様の柔軟性も維持でき、会社も社員も急速に変化する世界に適応していける。

このやり方なら、雇う側と雇われる側双方の負担が軽減できる。信頼が少しずつ蓄積していくからだ。ふつうの人間関係と同じように、最初は小さな約束をするところから始め、双方が約束を守ることを繰り返すことで関係が深まっていく。あらゆる有意義な関係はそのようにして築かれる。「アライアンス」が小さな約束の積み重ねでできているとすれば、「コミットメント期間」は約束の設計手法といってもいい。

働き方を「いくつものコミットメント期間の積み重ね」という形に位置づけ直すと、起業家タイプの人材を惹きつけ、自社で働き続けようと思ってもらいやすくなる。トップレベルの人材を雇いたい時も、得られるメリットと成功の果実が明快に見える「コミットメント期間」を提示するほうが、「貴重な経験ができますよ」などとあいまいな約束をするより説得力がある。魅力的なコミットメント期間を設計できれば、「個人としてのブランド力」を高める具体的な道筋を示すことになる。自社にいる間も他社で働くことになっても通用するような個人ブランドだ。特定のミッションを統括する、実際のスキルを取得する、新たな関係を構築するなど、具体的な内容を「コミットメント期間」ではっきりと見せることができる。

たとえば、リード・ホフマンはリンクトインの創業当初、才能ある社員にストレートにもちかけた。相手が二〜四年のコミットメント期間に参加し、リンクトインの事業に大きな貢献をしてくれたら、ホフマンおよび同社は、彼らのキャリアアップに力を貸そう――そのキャリアアップが、リンクトイン社内における次のコミットメント期間になることを望みつつ――という条件である。このやり方はうまくいった。会社側は、リンクトインのために目に見える成果を上げようとする熱心な社員を獲得できた。さらにその社員が、一回または複数回のコミットメント期間を経て同社を去った後も、リンクトインのよさをあちこちで喧伝したり、会社にプラス効果をもたらしたりし続けてくれるケースが少なくなかった。社員側も、自分のスキルと経験を高めることでキャリアをガラリと一変できた。

本書執筆のために話をしたマネジャーの中には、コミットメント期間という枠組みが社員の離職を「あらかじめ許す」ことにならないかと心配する向きもいた。だが、離職は会社側が許す・許さないと決められるものではない。そのような権限が会社にあると思うのはただの自己欺瞞であり、社員との間に不誠実な関係を生み出すことにつながる。本当は、社員が転職するのに会社の許可はいらない。会社にその権限があると主張してみたところで、彼らは会社に隠れて転職活動するだけのことだ。

コミットメント期間は、あらかじめ期間が決まっている。これがピリリとした緊張感をもたらし、また、将来の関係を話し合うための納得できる時間軸ともなる。優秀な社員が、最初に決めたコミットメント期間を最後まで全うしようと思える、確たるよりどころにもなる。そして最も重要な点として、現実に根ざしたコミットメントであれば、双方とも誠実でいられる。これが信頼構築に不可欠なのだ。

長期的関係を築くためのお手本をシリコンバレーに求めるとは、なんとも皮肉ではないか。そのことは我々も重々承知している。なんといってもここは、朝イチにリンクトインのプロフィールを更新したエンジニアが、昼休みまでに五カ所から転職の誘いを受けることもある土地だ。しかし、まさにそれだからこそ、シリコンバレーから学ぶことができるのだ。ここは地球上で最も変化が急で、最も競争の激しい経済圏の一つであるため、優れた社員を引き止めておくのが非常に難しい。彼らを繋ぎ止めておくために、会社とマネジャーは何か卓越したことをしているに違いない。この容赦ない環境において有効な人材管理手法——たとえばコミットメント期間——は実地でその実力を証明したことになる。シリコンバレーで有効ならば、ほかのどこであろうと役に立つ。

誠実な対話で信頼を築く

マイク・ガムソンはリンクトインの最高幹部の一人だ。入社からおよそ七年かけてグローバル・ソリューション部門のシニア・バイスプレジデントまで昇りつめ、営業部門全体を管掌している。彼が出世した理由の一つは、リンクトインの経営で一番重視されている人材開発の能力にある。ガムソンが自分のリンクトインのヘッドラインに書いた一文がすべてを表している。「人への投資に情熱を燃やしています」

信頼を築くコツは誠実さにある、とガムソンはいう。「当社の社員がどこかの時点で会社を辞めるであろうことはわかっています。だからといって、彼らに投資しようという私の気力は一向に衰えません。それどころか逆に燃えます。私は部下にはっきりと伝えます。今後の君のキャリアについて一緒に話すのは大歓迎だし、仮にそのキャリアプランにリンクトインが含まれなくてもまったく問題ない、と。隠し事のない正直なチームの雰囲気に繋がりますし、部下にしても、自分の成長が本人と私の共通利益なのだと理解しやすくなります」

正直さはガムソンの戦略の第一歩にすぎない。「部下にはこう話します。私の仕事は君たちのキャリアパスを変えるようなチャンスを提供することだ。君たちがなすべきことは、チャンスをつかみ、ここでさまざまな経験を積み、自分の長期的価値を高めること。君たち次第だ、と。彼らが当社にいる期間に自分の価値を高めても、その成果がはっきりと顕在化するのは転職後、というケースもあります。どんなケースでも、リンクトインで共に過ごす数年間で彼らが最速で成長してくれるのが、双方にとってベストなのです。この点で会社と社員が同じ利益を共有しているということ。それが、私のマネジメント流儀で最も大切にしていることであり、部下に対する私個人の約束といっていいでしょうね」

別のリンクトインの幹部で、エンジニア担当シニア・バイスプレジデントのケビン・スコットは、誠実さの重要性をさらに明確に体現している。すべての部下にこう尋ねるのだ。「リンクトインを辞めた後は、どんな仕事をしたいの?」──。リンクトインの採用面接を受けにきた人たちにも同じ質問をする(「リンクトインで働いたら、その次はどんな仕事がしたい?」)。彼らの後々のキャリアに役立つようなコミットメント期間を確実にリンクトインで提供するためだ。

ガムソン、スコット、どちらのやり方もコミットメント期間の抱える根本的な矛盾をよく示している。「この社員はいずれ辞めるだろう」と認識することが、実は相手から信頼を得るベストの方法であり、それゆえ優れた人材に会社に留まろうと思わせるような関係を育てるベストの方法でもあるのだ。

ボストン・コンサルティング・グループのCEOリッチ・レッサーは、これを「オプト・イン(本人の事前承諾)」カルチャーの育成と呼ぶ。「実際に雇用する側になってみるとわかりますが、会社に留まることを期待されているからといって、その期待に応える『義務』があるなんて社員は思っていません」とレッサー。「あなたは、できる限りいい人材を見つけて採用したんでしょう。その最高の人材が『自らの意志』で、この会社にい続けよう、時間を投資してみよう、と思えるような環境を用意する責任は、あなたにあるのです。この点を重視するようになってから当社の社員満足度はかってないほど高く、トップ人材の定着率も一〇年前と比べて相当上がりました」

コミットメント期間の三つのタイプ

コミットメント期間の具体的な内容は人や企業、部署、業界、職位に応じて大きく異なってくる。こうした違いをわかりやすくするため、コミットメント期間を大きく三つのタイプに分類した。

1．ローテーション型

ローテーション型のコミットメント期間は社員ごとにパーソナライズされておらず、概して互換性が高い。ある社員を既定の職務に就けたり外したりという交換が簡単にできる、ということだ。

ローテーション型にも二つのタイプがある。一つ目は、体系化された有期の制度で、通常は新卒や経験の浅い社員を念頭に置いたものだ。たとえば、投資銀行や経営コンサルティング業界には二〜四年のアナリスト・プログラムがある。プログラムに採用された社員は全員、決まった基本ローテーションを経験する。決められた期間、一回限りで終わるのが一般的だ。こうしたプログラムはたいがい、「高速道路への入り口ランプ」として明確に位置づけられている。新卒者を学校から職場へ、転職者を前の会社からあなたの会社独特の職場環境へと誘導しながら加速させるのだ。

シリコンバレーのトップ企業も大半は、ローテーション型のコミットメント期間モデルを導入している。新人レベルの社員を採用して、「同期」として実地研修するのだ。たとえば、グーグルのピープル・オペレーションズ（人事）部門は、新卒の社員に体系化された二七カ月のローテーション型コミットメント期間を提供している。新人は九カ月ごとのローテーションを繰り返し、三つの異なる職務を体験することができる。[1] フェイスブックも新人のプロダクト・マネジャーのために同様のモデルを採用しており、一八カ月の期間に三カ所の異なるプロダクト・グループをローテーションする。[2] リンクトインにも〝ローテートイン〟と呼ばれる部門横断的な研修プログラムがある。

この種のローテーション型コミットメント期間の目的は、会社と社員の双方に長期的な相性を見極める機会を与えることだ。相性がよいようなら次のステップに進み、よりパーソナライズされた第二弾のコミットメント期間を設けることで、相性のよい分野をさらに活かす。もしどちらか一方が相性がよくないと感じたなら、その社員はおそらく会社を辞めるだろう。ただし、それが本人の汚点になったり会社との関係悪化につながったりすることはない。

ローテーション型コミットメント期間にはもう一種類あり、これは新人からベテランまであらゆる社員に適用できる。このタイプのコミットメント期間はきちんと体系化され、大半が制度化されている点で、一つ目のタイプと似ている。しかし、このタイプの主眼は、その社員を将来の別の職務に向けて訓練することではなく、現在の職務と社員の相性を高めることにある。ブルーカラーの仕事は大半がこのタイプに当てはまる。たとえば、特定の組み立てラインで働くことは一つのローテーション型コミットメント期間と考えられる。同様に、UPS（宅配業者）のドライバーは、ローテーション型コミットメント期間にいるといえる。このタイプは定型化、体系化されており、比較的スムーズに人材を入れ替えられる業務内容だ。

2. 変革型

ローテーション型とは異なり、変革型コミットメント期間は社員ごとにパーソナライズされている。期間を一定に定めることにはあまり重きを置かず、特定のミッションを完遂することに重点が置かれる。内容は、上司であるマネジャーと社員本人が一対一で話し合って決める。世のマネジャーの大半は、部下の「管理」に多大な時間を割いているが、率直な対話を行い、具体的な期待水準を合意するためのしっかりした枠組みはない。コミットメント期間という枠組みを使えば、あいまいかつ暗黙の「対話」プロセスを体系化し、はっきりと言語化することができる。

変革型コミットメント期間の核心は、その社員が自分のキャリアと会社の両方を大きく変革させるような機会を得るという約束である。このコミットメント期間が終了した暁には、その人のリンクトインのプロフィール（または職務経歴書）は、見違えるように立派なものになっているはずだ。

変革型コミットメント期間が最終段階に入った社員を、引き続きあなたの会社に留めておきたいという場合、早めに次のコミットメント期間について話し合いを始めるといい。ローテーション型と比べると、変革型のほうが将来を見据えた関係という色あいが濃い。そのため、前提として、社員もマネジャーも初めから長期的な視野に基づく人的投資を望んでおり、次の変革型コミットメント期間を見定めたいという期待がある。

経験則でいえば、その人材の初めての変革型コミットメント期間は二年から五年ほどになる。この年数はほぼすべての組織や業界に当てはまる普遍的な期間のようだ。ソフトウェア業界では、二～五年という期間は一般的な製品開発サイクルに合致するので、一人の社員が大きなプロジェクトを最初から最後まで経験できる。シリコンバレーで社員にストック・オプションを与える時に、通常四年間かけて付与（ヴェスト）する慣行もこのサイクルを反映している。一般消費財業界を見ても、プロクター・アンド・ギャンブル（P&G）などの企業では、新しいブランド・マネジャーはまず、二〜四年間のコミットメント期間から始める。

変革型コミットメント期間に真剣に取り組めば、社員は何かしらインパクトのある成果を上げられる。これを、インテュイットのCEOブラッド・スミスは、次のように説明する。「（コミットメント期間の）一年目で、目的を果たすのに重要な背景事情が理解できるようになる。二年目は、変革を実現し、自分のやった仕事だとはっきり示すための時期だ。三年目から五年目にかけては、自分の生み出した変革を根づかせ、発展させていく時期。もしくは、期待どおりに物事が進まなかった場合は、方向転換をするための時期だ」。グーグルの会長エリック・シュミットも、コミットメント期間は五年と決めるのが好ましいと我々に語った。まず二年ほど学び、次の二年で成果を上げ、一年かけて移行準備をする、というわけだ。会社と社員とのパートナー関係が強固になるにつれ、次の変革型コミットメント期間の年数は伸び、標準的な二〜五年を超えることもある。

同じ会社内で何度も変革型コミットメント期間を持てるよう設計すると、社員にとっては、よい社内異動の機会が確保できる。HSBC北米事業のシニア・バイスプレジデント兼人材担当責任者のジョン・バーンズは、社員の定着率を高めるために社内異動の機会を活用している。「金融サービス業の社員は、時に自分が成長していないと感じることがあります。キャリア開発とは出世の階段を上ることだと思っているからです。しかし横への異動も同じくらい価値が高いケースもある。我々は、社員がさまざまなタイプのスキル、会社・社員の双方にメリットが生まれるようなスキルを身につけるサポートがしたいのです」。ここシリコンバレーにも、シスコシステムズのタレント・コネクションという制度がある。社員が次の仕事を社外ではなく、シスコ社内で見つける支援をするものだ。この制度によりキャリア開発に関する社員満足度は二〇%近くも向上したという。[3]

3.基盤型

アップルのジョニー・アイブ。フェデックスのフレッド・スミス。IBMのジニー・ロメッティ――。自分の人生と会社が根元から不可分に絡み合っている人たちである。彼らは基盤型コミットメント期間の最中にいるのだ。

会社と社員の方向性が深く整合している点が、基盤型コミットメント期間の最大の特徴だ（「整合性」の概念については第3章で詳細に扱う）。この会社が自分の最後の職場だと考え、会社もその社員に現役引退までいてほしいと願うなら、その人は基盤型コミットメント期間にいる。その人にとって会社がキャリアの基盤、時には人生の基盤にすらなり、会社にとってもその社員が基盤の一つになる。この会社での使命が自分の終生の仕事だと考え、会社も同様にとらえる——。このような関係を確認して形式化したのが、基盤型コミットメント期間である。

基盤型になることが多い社員タイプを見ていこう。当然ながら企業の創業者とCEOは基盤型である。たとえばジョン・マッキーは、一九八〇年にホールフーズ・マーケットを創業し、ほぼ三五年後の現在でもはつらつと切り盛りしている。そのマッキーも、ウォーレン・バフェットとくらべれば、よちよち歩きのようなものだ。バフェットは、一九六五年からバークシャー・ハサウェイをほぼ五〇年にわたり経営している。リンクトインでは、CEOになって五年にすぎないジェフ・ウェイナーがあまりにも同社の重要な基盤となっているため、彼が同社に加わったのは創業からずいぶん後だったにもかかわらず、リード・ホフマンは彼を「共同創業者」と呼んでいる。[4]

理想をいえば、企業の幹部は大半が基盤型コミットメント期間であるのが望ましい。アップルやアマゾン、グーグルなど適応力の高いお手本のような企業を見ると、CEO直下の幹部の在任期間は平均して一〇年を超える。チームとして長い年月を一緒に働くと、共通基盤として同じ経験を共有することになり、より迅速なコミュニケーションと意思決定が可能になる。

とはいえ、基盤型コミットメント期間は上級幹部層に限定するものではない。組織階層のどこにいようとも、基盤型の社員は会社に継続性と組織的記憶をもたらす。その会社の流儀を守り伝え、知識面でも情緒面でも組織の基盤となる。たとえば、彼らは品質に関して強い誇りを持ち、細心の注意を払う。会社のことが他人事ではなく「自分事」になるような意識を持つからだ。世にいうように、レンタカーを洗車する人はいない。基盤型の社員は、短期的な財務目標を達成するために会社が詰めるべきところを手抜きするのを決して許さないだろう。

基盤型コミットメント期間を結婚のようなものと考えることもできる。死ぬまで続くと両者が見込む長期的関係であり、何があっても安易にあきらめず、関係が続くよう全力を尽くす道義的責任を双方が負う。健全な婚姻関係と同様に、基盤型コミットメント期間もやはり定期的に率直な対話を重ね、双方の満足が続くようにする必要がある。人も会社も変わることがあり、社員と会社がいつも完全に同じ方向を向いているという保証はないからだ。

基盤型には高レベルの信頼と方向性の一致が必要なため、社員が最初からこのコミットメント期間で会社に入ることは極めてまれだろう。経験の浅い社員はおそらくローテーション型か変革型のどちらかのコミットメント期間から始め、より職位の高い社員は変革型で始めることになろう。変革型から基盤型へと移行する社員は、会社の長期的ミッションを自らのものとした社員である。

例として、インテュイットのブラッド・スミスを取り上げよう。スミスは二〇〇三年に変革型コミットメント期間で同社に入った。スミスがインテュイット・デベロッパー・ネットワークのゼネラル・マネジャーとして同社に来た当初、彼も会社もお互いの長期的な相性を見極めたいと思っていた。双方とも将来スミスがCEOになるとは思いもしなかった。だが、この最初のコミットメント期間と、それに引き続く二回の（変革型）コミットメント期間を通してスミスとインテュイットは関係を強化し続け、ついに二〇〇八年には、彼が基盤型コミットメント期間に就くことを承諾するまでになった。会長兼CEOの肩書きで――。誰であれリンクトインのスミスのプロフィール（www.linkedin.com/in/bradsmithintuit）を見れば、彼が基盤型コミットメント期間にいることが見てとれる。

三つのタイプのコミットメント期間を組み合わせる

表2―1にコミットメント期間の枠組みをまとめた。

それぞれのコミットメント期間に優劣はない。ほとんどの大企業は社員の集団ごとに使い分けながら三つのタイプをすべて利用している。

たとえば、社員の大半を基盤型にしようとしてはいけない。それでは本質的に終身雇用の旧モデルに戻ることになってしまう。実際、多くのスター社員は上を目指す野心があるからこそ、基盤型コミットメント期間を拒む。野心的な企業は野心家のスター社員を欲しがる傾向があるが、そういう人材はいつの日か自分で采配を振るいたいのだ。この種のスター社員ばかりを見事に採用できたとしても、彼らの野心を満たすようなCEO職やゼネラル・マネジャー職が不足してしまう。そうなれば自分の最終目的のために、彼らはいつか転職せざるを得ない。ゼネラル・エレクトリック（GE）がジャック・ウェルチの後継者にジェフ・イメルトを選んだ時、何が起きたか思い返してほしい。ほかの有力なCEO候補はほとんど即座にGEを去った。他社でCEO職に就くためだ（ボブ・ナーデリはホーム・デポへ、ジム・マクナーニは3Mへ）。

表2－1

就業期間の枠組み

	ローテーション型	変革型	基盤型
設計	入社してきた従業員は自動的にここに組み込まれる	個別交渉で決まる	個別交渉で決まる
契約の狙い	会社との相性が将来的にどうかを評価する。ごくふつうの雇用で使われる	従業員のキャリアを一変させる。会社に大きな変革をもたらす	会社とっては、コア・バリューを守り伝える役割を果たしてもらえる。従業員にとっては、仕事から大きな目的と意義が得られる
期間	典型的なアナリスト・プログラムでは通常1～3年。その他のローテーション型は期限なし	職務ごとのミッションに応じて個別に決まる。通常は2～5年	期限なし
更新	引き続き新たなローテーション型を始める場合もあるし、変革型に移行する場合もある。コミットメント期間終了後に会社を辞めることに道義的責任はほとんど（まったく）ない	職務上の使命を完了する前に、会社に残って新たなコミットメント期間に入る交渉をまとめる。そうでなければ他の会社に転職する	双方が関係の永続を前提とし、関係維持に全力を尽くす

各タイプのコミットメント期間は、合金をつくるための素材のようなものだと考えればいい。素材の配合を変えれば合金として異なる能力が生まれ、それぞれ異なる用途にうまく合う。高層ビルの建築に使う合金は、ジェット・タービンの部品に用いる合金とも、優れた料理包丁に使う合金とも違う。

ローテーション型は会社に「**規模拡大**」をもたらす。新たに大勢の社員を雇って、職務内容が安定した、誰もがよく知る仕事に就かせることができるからだ。ローテーション型は標準化されているため、採用も実施もしやすい。特に大規模に行いたい時には効果的だ。

変革型は「**適応力**」を与えてくれる。会社が、新たな必要スキルと経験を得る一助となるからだ。伸び盛りの業界は競争が激しく、技術の変化は急速で、人材争奪戦も激しいのがふつうだ。こうした業界で成功するには「創業者マインド」が不可欠であり、それはつまり、会社が変革型の社員を高い比率で雇わなければならないことを意味する。

基盤型は会社に「**継続性**」をもたらす。長期的目標を見据えた社員が会社にい続ける仕組みになるからだ。経営幹部チームは全員が基盤型であるべきだ。

ローテーション型と変革型、そして基盤型のコミットメント期間をどのように組み合わせるのが理想的なのか、それは個々の会社の置かれた市場環境による。シリコンバレーの企業はスタートアップ企業を含めて主に変革型をよりどころにしており（ざっと八〇％が変革型）、基盤型とローテーション型の社員は少数だ。大きな成果を上げる非常に適応力の高い労働力を現場投入できる、という効果がある。これと対照的に、あまり変化しない市場で独占に近いシェアを持つようなメーカーならば、おそらく、はるかに多くのローテーション型（付加価値の低い定型作業に充てる）と基盤型（代々継承されてきた知見を活かす仕事に充てる）の社員を頼りにするだろう。

ざっくりいえば、企業の適応力の必要性が高まり、最適ブレンドに占める基盤型の割合が減って変革型の割合が増えてきた。この傾向はおそらく今後も続くだろう。シリコンバレーは例外というよりは先行事例だ。シリコンバレーでは、数十年にわたりグローバルな競争と技術の急変に対応する中で、徐々に変革型に傾いていったのだ。

変革型コミットメント期間は、大半の企業の経営慣行から最もかけ離れたタイプだ。そこで本書では、このタイプのコミットメント期間を制度設計し、組織に導入する方法について重点的に解説することにした。以下、本書内でたんに「コミットメント期間」という場合、それは「変革型コミットメント期間」を指すと考えてほしい。

幅広く適用できる枠組み

ファストフードの巨人マクドナルドほど、シリコンバレーのスタートアップ企業の対極にある企業はない。規模は大きく、歴史は古く、半世紀以上前から変わらないハンバーガーとポテトフライとシェイクを提供することで稼いでいる。

スタートアップ企業とは大きく異なるにもかかわらず、実は、マクドナルドはコミットメント期間の根底にある考え方を実践している好例だ。カナダのマクドナルドでチーフ・ピープル・オフィサー（最高人材責任者）を務めるレン・ジラードはいう。「当社に一年しかいないとしても、もっと長く勤めるつもりでも、我々はその社員が将来の夢を引き寄せるサポートをします。本人とその成長のために投資するのです。ここで身につけるさまざまな能力を、どこで活かしてもよいのです。結果的にそのキャリアパスがマクドナルドの社内でも社外でもかまいません」[5]。ジラードのように非常に長く同社に留まる社員もいるが、多くは一回か二回のコミットメント期間を終えるとマクドナルドを離れる。そんな彼らも、マクドナルドの経験からおおいに学べるのだ。

有名なＣＥＯになる前、若きジェフ・ベゾスは、マクドナルドでハンバーガーを焼いていた。それから何年も経ってベゾスは、当時の上司が「素晴らしかった」と振り返り、責任の大切さを教えてくれたと語っている。[6]

営利企業でなくても、適応力の高い組織を築くために、コミットメント期間を活用できる。国際NPOのエンデバーは起業家を支援する組織であり、それゆえに適応力が不可欠だ。共同創業者のリンダ・ロッテンバーグいわく、彼女が人材戦略としてコミットメント期間モデルを取り入れたのは、ひとえにその組織のミッション上、スピード感が必要だったからだ。「一九九七年の創業当初から、エンデバーが職員とアライアンス関係を結ぶために取り入れている手法がコミットメント期間です」とロッテンバーグ。「私は起業家タイプのロックスターのような人を雇いたかったのです。どこでも戦える能力を持つ、我々が支援するエンデバー起業家たちの才能と同等の人材です」

エンデバーは採用の際、候補者が複数回のローテーション型コミットメント期間を務めることと、（その後に転職しても）同団体と一生の関係を維持することをはっきりと求めたうえで雇った。「米国トップクラスの大学から入ってきた若い人たちはたいがい二年間のローテーション型コミットメント期間を二回経験します。一回は支援先の募集と選定の仕事、もう一回は起業支援の仕事です」とロッテンバーグ。「その後ほぼ全員が、トップ5のビジネススクールに進学するか、一流のハイテク企業に入社するか、または、起業熱に感染して自ら起業します。彼らはみな卒業生（OB・O

Ｇ）としてエンデバーの忠実なアンバサダー（大使役）でいてくれます」

中間層のためのコミットメント期間

昔から企業はスター社員のためにコストと時間をかけて、本人用にパーソナライズした職務とキャリアパスを用意してきた。ＧＥなどの企業は将来性の高い若手幹部にいくつもの任務をローテーションさせ、さまざまな部門と市場を経験させる。

すべての社員にこのようなパーソナライズをすることが、コミットメント期間の枠組みによって可能になる。これは単に可能どころか、必須といっていいだろう。昔のように安定していない今の世界においては、会社の適応力がますます求められている。それをトップクラスの数人のスター社員だけに頼るわけにはいかないのだ。急速な変化に対応するには、企業は組織の至るところに起業家タイプの人材が必要だ。夏休みのインターンと上級幹部では、コミットメント期間の基本方針を練る時間のかけ方は違うかもしれないが、アライアンスの基本原則は同じだ。その原則とは、すべての雇用関係は本質的に双方向で、社員の得るメリットと会社の得るメリットを互いに明確にする、ということだ。

末端と上級幹部の間にいる社員は「企業の中間層」を形成している。このような社員においては、自分に最適なコミットメント期間が、常に自分の肩書きや給与体系ときちんと一致するとは限らない。プロ意識が高く仕事のできる中間層なら、同じ肩書きのままで複数回のコミットメント期間をこなすだろう。たとえば、リンクトインには数百人の素晴らしいソフトウェア・エンジニアがいる。おそらく彼らの大半は幹部クラスまで昇進しない（または、本人がそれを望まない）だろうが、それでも会社は非常に高く評価している。彼らのコミットメント期間の区切りとなるのは、人脈の質と量の変化、プロジェクトの進展、およびスキルと将来性の変化である（こうした小型の変革

表2－2

スター社員と中間層―コミットメント期間の違い

	スター社員	中間層
肩書き	定期的に上がる	まったく変化しなくてもかまわない
コミットメント期間の内容を決める主役は	それぞれの上司	上司ではあるが、本人もより積極的、自発的に関与する
本人が目指すこと	思い切った目標を達成することで、会社と自分のキャリアを伸ばす	会社が変化に適応するために役立ち、それにより自分が魅力的な人材となる

については第4章で触れる)。
加えて、中間層のコミットメント期間は上司がすべてを設計するのではなく、本人が中心となって設計作業を進める必要がある。自分が会社を改善できそうな見込みがどこにあるのか探し求め、同時に、どうすればキャリアアップにつながる時間と労力の使い方ができるのかを自ら見つけ出さなければならない。これは社員側への負担の押しつけではない。二〇一二年にキャリア・エンゲージメント・グループが行った調査によると、七五%の社員は、キャリアを高めたり、仕事に役立ちそうな知識を身につけたりするためなら、喜んで自分の時間を使うと答えている。[7]
表2－2に、スター社員と中間層では、それぞれのコミットメント期間がどう異なるかをまとめた。

長期のパートナーシップ

コミットメント期間は、社員一人ひとりが自分にとって有意義な任務にいくつも取り組むことができる枠組みとなり、結果として一つの会社で長期的なキャリアを形成しやすくなる。コミットメント期間は数年で終わるが、成功裏に終わったコミットメント期間の終着点は、その会社での次なるコミットメント期間の出発点になることもあるからだ。たとえば、ソフトウェア・メーカーのSASインスティテュートの場合、「自社の社員が現役を引退するまでに三つから四つのキャリアを持つことになると考えており、そのすべてをSASで経験してほしいと願っている」という。[8]

一つのコミットメント期間が終了するたびに相互信頼の絆が強まる。そしてコミットメント期間が終わりそうな時期を会社が把握していれば、その社員と早めに話し合いを始め、この会社での次のコミットメント期間を一緒に設計する作業に着手できる。その社員がよそにコミットメント期間を探し始める前に先手を打てるわけだ。その社員が転職の可能性も探りたいと考えていた場合でも、信頼関係が築けていれば、今の会社に「優先対話権」を与えてくれるだろう。これは、他社と接触する前にまずは今の会社と自分のキャリア展望について話し合ってくれることを意味する。この「優先対話権」の考え方については後の章でより深く掘り下げる。

このように、一つのコミットメント期間から次のコミットメント期間へと計画的に移行するのは、ビルや橋の建設に使うエクスパンション・ジョイント（伸縮する継ぎ目）に似ている。どちらも固定的な関係を無理に維持しようとする負荷によって壊れることのないよう、必要に応じて二者の関係がしなるようにするものだ。

リンクトインのグローバル戦略顧客担当マネジャー（そして全社的にもトップ・セ

ールスパーソン）のデイナ・キングを見れば、この仕組みがどれほど社員を引き止める効果を持つかよくわかる。彼女はリンクトインで働き始めてもう五年以上になる。彼女は我々にこう語った。「今と同じ業務を次の五年間も続けることはおそらくないと思います。というのも、リンクトインにいると変革の流れがとても速く、私もいずれ新しい挑戦へと引き寄せられるに違いないからです。いずれは今とは違う新しい仕事をしたいです。その時も、できればぜひこの会社に残りたいと考えており、上司にもそう伝えています」――。彼女は現在のコミットメント期間が完了する時期の何年も前なのに上司に意思を伝えており、会社がそれだけの信頼をキングから得たことを物語っている。それだけではない。彼女も次のコミットメント期間をまたリンクトインで過ごしたいと望んでいることは明らかだ。これはジョブ・ホッパー（次々と転職を繰り返す人）の態度ではない。プロとして成長と挑戦に繰り返し取り組んできたハイ・パフォーマーの姿勢だ。

継続性がどれほど大事であるかは、会社や業界を取り巻く力学によって異なるだろう。たとえば、ボーイングは数千人のエンジニアを雇うが、同社は一人のエンジニアが十分な生産性を発揮できるようになるまで一〇年の養成期間が必要だと見込んでいる。裏を返せば、一〇年かけてドリームライナーの製造方法を学んだエンジニアが身につけた一連のスキルは、ボーイングにとっては非常に価値があるものの、他の雇用主にとってはそれほど価値がない。このような訓練とスキルの持つ価値を成果に結びつけるには、ボーイングと個々のエンジニアが長期にわたりコミットし合わなければならない。それは要するに基盤型コミットメント期間のことだ。コミットメント期間という枠組みの主眼は、期間の長短にかかわらず、信頼が強く誠実な対話を可能にし、その結果、雇用する側もされる側も賢い投資ができるようになることだ。

〈実践編①〉リンクトインはいかにコミットメント期間を活用したか

おそらくコミットメント期間の柔軟さと応用範囲の広さを伝える最適な方法は、抽象論よりも具体的な実例を示すことだろう。リード・ホフマンのリンクトインでの体験談を二つ紹介しよう。

1. 長期の関係を築いたイーダ・グルテキン

イーダ・グルテキンは、リンクトインのタレント・ソリューション・グループでソリューション担当グローバル・ヘッドを務める。彼女は大学を出てすぐに散水車用モーターの設計をする仕事に就き、エンジニアになるという子供の頃からの夢を実現した。仕事は楽しかったが、一日中コンピュータの前に座っているよりも、いろんな人と会話をするほうが好きだと気づいた。自分を変えたいと考える若いエンジニアの多くがそうするように、彼女も学校に戻り、スタンフォード大学で工学と経営学の修士号を修めた。

スタンフォードを出ると、ベイン・アンド・カンパニーのコンサルタントとして典型的なローテーション型コミットメント期間に就く。そこで得た二年半の経験は素晴らしかったが、やはり何かが足りないと感じた。「私は『実行マニア』なんです」とグルテキン。「何かを実行するのが大好きで、自分の成果といえるものを求めていました」。ベインでトップレベルの成果を上げていた彼女は「社外研修」の機会を与えられる。彼女は事業に直接かかわる実践的経験がしたいと考え、ベインの同僚だったダン・シャペロに接触した。彼はその前年にリンクトインに入社していたのだ。

グルテキンとシャペロは、当時リンクトインのタレント・ソリューション事業でバイスプレジデントを務めていたマイク・ガムソンも巻き込み、彼女用にパーソナライズされた半年間のコミットメント期間を設定する。当時リンクトインは、一部の顧客がすぐに別のサービスに乗り換えてしまう問題が起きているのではないかと懸念していた。グルテキンに与えられた課題は、その懸念が正しいかどうかを見極め、正しかった場合は解決策を提案することだった。

この課題に着手してすぐに、彼女は問題の裾野を広げて扱う必要があると判断し、ガムソンに相談する。彼女のこの分析がきっかけとなり、最終的には、顧客管理の改善を目的とする新しい営業チーム体制を構築することになった。

この最初のコミットメント期間中に、グルテキンとリンクトインの相性がよいことが誰の目にも明らかになった。ガムソンは「君にふさわしい役割を一緒に見つけよう」と声をかけ、シャピロとグルテキン本人も交えて新たな変革型のコミットメント期間を設定した。今回の彼女の目標は、先ほどの営業チームが新プロダクトを売り込む方法を見つけられるようにすることだ。この仕事により彼女は、マネジメントの経験を積みたいという自分のキャリア目標の一つを達成できると同時に、カギとなる成長分野の一つでリンクトインの発展に貢献できる。

前回のコミットメント期間と同じように、今回もグルテキンは、コミットメント期間の途中で自分の任務を修正した。当初予定していた目標に向けて進むには、タイミングがよくなかったのである。そのかわり彼女は、タレント・ソリューション・グループ内で採用情報の新事業をゼロから立ち上げることにした（このサービスは今では「タレント・ブランド」として知られる）。リンクトインにとって手つかずの分野だったため、新事業を実務的に支える部署横断型チームはまだ組成されなかった。それでもグルテキンは起業家タイプにありがちながむしゃらぶりを発揮し、任務遂行に必要なことは何でも自分でした。投資予算を獲得するために事業計画書を書き上げ、社内で自らチームも立ち上げた。新事業のネット上での営業プロセスを改善する作業に自分も直接かかわるべく、ＳＱＬ（データベース用言語）を独学し、セールス・ドットコムの使い方を身につけた。

結果は、実績がすべてを物語っている。二〇〇九年、この事業分野全体の年間売上げは一二〇万ドルにすぎなかったのに、グルテキンのコミットメント期間が終わる二〇一三年の売上げは、年間二億ドルにまで増加した。このタレント・ブランド事業は現在、リンクトインの全タレント・ソリューション事業の二〇％を占め、彼女が二〇一〇年に立ち上げたプリセールス・コンサルタント、アナリスト、顧客担当からなるグローバル・チームは八五人へと増えた。

グルテキンの二回のコミットメント期間によって、彼女と上司とリンクトインの三者間に非常に強いアライアンスが生まれた。これが結果的に、予想外の事態への対応に役立った。彼女は妊娠したものの順調ではなく、予定より数カ月早く産休に入らざるを得なくなったのだ。ストレスに満ちた状況だったが、それでも彼女はリンクトインに復帰できると確信していた。会社と自分がすでにしっかりとした信頼関係を築き上げていたからだ。娘の出産後、上司のシャペロは、体調回復のために予定より長く休むよう勧めてくれさえした。その結果、彼女は妊娠中の最後の三カ月に八カ月の育児休暇を加えて合計一一カ月も仕事から離れることになった。一方で、彼女の側も自分の役割を忘れなかった。月に一度は上司と連絡を取り、事業の状況を完璧に掌握していた。

職場復帰が近づき、グルテキンの新たなコミットメント期間を決める時も、作業は非常にスムーズに、ほとんどキャリアの中断がなかったかのように進んだ。育児休暇の終わるおよそ三カ月前、彼女は次のコミットメント期間についてシャペロと話し合った。「ダン（・シャペロ）と話し合った時、まったくブランクを感じませんでした。その時私に与えられたチャンスは、仮に産休前に交渉したら得られたであろうチャンスとなんら変わらないと思えました」。グルテキンは振り返る。彼女はフルタイムの仕事にスムーズに復帰できるよう、以前のチームメンバーと同じ職場で短い移行期間を過ごした後、新たな変革型コミットメント期間に乗り出した。今回は営業部隊である。

前の二回のコミットメント期間と同じく、今回もその内容策定はグルテキンと上司との共同作業だった。「五年後に何をしていたい？――ダンはいつもそう聞きます。そして私たちはそこからさかのぼって物事を決めていきます」とグルテキン。「私は経営者になりたいと思っています。そこで私たちは、次は営業を経験しようと合意しました。生まれて一度も営業をしたことはなかったのですが、ダンは未経験ゆえの新鮮な視点が役立つこともあると知っていたのです」。ここで注目してほしいのは、グルテキンの任務内容が、社員側と会社側の双方のニーズに役立つものでなければならなかった点だ。グルテキンとリンクトインには、双方にメリット（グルテキンにはより包括的なスキルセット、リンクトインには新鮮な視点）をもたらすであろう相互投資（営業への異動）を約束し合えるだけの相互信頼があった。だから、強固なアライアンスが実現しているのである。

グルテキンの例が示すように、キャリアは、異なるタイプのコミットメント期間を組み合わせて織り上げることができるのだ。ベイン時代の古典的なローテーション型から始まり、リンクトインとグルテキンがお互いを知るために活用した短期間の試験的なコミットメント期間、そして彼女がダン・シャペロとマイク・ガムソンと話し合って決めた複数回の変革型コミットメント期間の枠組みが持つ柔軟性によって、変化（グルテキンがコミットメント期間を開始したタイミングはすべて異なるし、その後で任務内容の修正も行った）にも予期せぬ外部要因（妊娠による早期休職）にも対処できた。その間一貫して、コミットメント期間には、グルテキンと彼女の何人もの上司の関係をより強く長期的なものに育てる効果があった。魅力的なコミットメント期間を提示できる雇用主こそが、トップ人材を長期にわたって引き止められるのである。

2. 辞職後もアライアンス関係を続けたマット・コーラー

リンクトインでは、トップ人材を引き止められない場合、その後も相互にメリットのあるアライアンスを維持しようと努める。ほぼ一〇年前にリンクトインを去ったマット・コーラーの例を見てみよう。

二〇〇三年、二六歳のコーラーは高給とブランド力で守られたマッキンゼーを去り、リンクトインに移った。その頃のリンクトインは、フレンドスター（訳注：当時一世を風靡していたSNS）の影で細々と生き延びる小さなスタートアップ企業にすぎなかった。コーラーの新しい上司となったCEOのリード・ホフマンは、それまでの上司が誰もしなかったようなことをした。雇ったコーラーに対し、ただ一方的に仕事と役職をあてがうのではなく、この若き元コンサルタントと一緒になって会社と本人の双方に役立つようなコミットメント期間を詳細に練り上げたのである。

コーラーの最終目標はベンチャーキャピタリストになることだった。だがホフマンは、マッキンゼーからそのままベンチャーキャピタルに移るよりも、途中で一度優れたスタートアップ企業に身を置き、そこで事業運営の経験を積むほうが結果的にベンチャーキャピタルの役員になれる可能性が高いと強く訴えた。そしてコーラーが見たこともないような独特の「コミットメント期間」を用意して、マッキンゼーにいたコーラーを口説いたのである。それは、ホフマンの右腕として働く、という内容だった。この役割ならCEOから直接学び、会社のすべての部門を非常に広く見ることができるだろう。その見返りとしてコーラーは、肩書きやキャリアパスといった昔ながらの形式とは関係なく、リンクトインの事業を軌道に乗せるためなら何でもする、という決意を表明した。この任務をきちんと完了できれば、コーラーは「リンクトイン」と「リード・ホフマン」という二つのブランドを自分個人の職務経歴書に加えることになる。こうして、ベンチャーキャピタリストになるというコーラーの最終目標は、リンクトインの中では実現しないことがわかっているにもかかわらず、彼とホフマンはお互いの展望と利害を、期間限定で一致させることができたのである。

リンクトインで働き始めて三年目のある日、コーラーはホフマンに話があるといってきた。リンクトインよりさらに新しい「ザ・フェイスブック」というソーシャル・ネットワーク・サービスのスタートアップ企業に移るため、会社を辞めることを考えているというのだ。ホフマンはコーラーを失いたくはなかったが、「フェイスブックの誘いを受けたほうがいい」と助言した。なるべく多様なスタートアップ企業で経験を積むことで、ベンチャーキャピタリストという彼の目標に一歩近づけるからだ。同時にホフマンは彼に最後の任務を与えた。コーラー自身の後任になる人材をリンクトインに引っ張ってこいと。

コーラーはフェイスブックで四年間働き、その後、新たなコミットメント期間に入った。今度こそ、シリコンバレーでもトップクラスのベンチャーキャピタル、ベンチマークの役員として。今でもホフマンは、コーラーに頼んでリンクトインの優秀な社員たちに話をしてもらう。リンクトインでのコミットメント期間がどのようなメリットを生むか、社員に理解してもらうためだ。リード・ホフマンとマット・コーラーは今でも親密だ。たとえば、二人で一緒にスタートアップ企業、エドモンドに二〇一一年に投資し、同社の取締役会でいつも顔を合わせている。

マット・コーラーのリンクトインにおけるコミットメント期間は、正式な雇用関係が終わっても消えない互恵的アライアンスの教科書的お手本である。

3 コミットメント期間で大切なもの

社員と会社の目標および価値観をそろえる

産業革命で幕を開けた産業化時代、会社は、個々の社員のアイデンティティを包み込む存在だった。会社は、終身雇用と年金を与えてくれた。社員は引き換えに黙って従い、一生懸命に働き、自分のありたい姿や価値観がどうあれ、会社の野心と価値観を優先させた。一九五六年に出版された古典『組織のなかの人間』（東京創元社、一九五九年）で、著者であるジャーナリストのウィリアム・ホワイトは、産業化時代の根本原理を次のように表現している。「集団にとって良いことは、そこに属する個人にとっても良いことである」――。もちろんホワイトはこのような考え方を批判し、「個人と社会の間にある対立に目をつむる、逃げ腰の態度」であるとした。[1] 案の定、この「組織人間（オーガニゼーション・マン）」の時代は長続きしなかった。

今は、企業の目標が社員にとって唯一絶対の目標になるなど、期待できない時代だ。基盤型コミットメント期間にいる社員（非常に少数）でもない限り、社外での可能性を求め広げたいと思うだろう。起業家精神旺盛な社員なら、会社と切り離した「個人ブランド」を築き上げたいと考える。終身雇用の終わった現在、こうした反応は、合理的だし必要なことでもある。

もちろん会社の目標が重要なことは以前と変わらない。だが、会社の掲げるビジョンに非常に意欲をかきたてられている社員でも、「残りの人生をかけてこの目標を追求したい」とか「この会社の価値観は自分の人生にとって大事な価値観をすべて含んでいる」などと思わなくてよい。どれだけ仕事にのめり込んで成果を上げているビジネス・リーダーであろうと、やはり日々の仕事を離れた自分の価値観と関心を持っているものだ。オラクル創業者のラリー・エリソンは、アメリカスカップ（国際ヨットレース）優勝に情熱を燃やしているし、アマゾン創業者のジェフ・ベゾスは「一万年時計」（訳注：今後一万年にわたって動き続ける時計をテキサス州の山中につくるプロジェクト）のようなプロジェクトに出資したり、ワシントン・ポストを買収したりしている。目指すべきは、会社と個人の目標をあらゆる面で完璧に一致させることではない。ある期間、一定の条件のもとでのみ、自然な形で両者をそろえる「**整合性**」を目指そう。

整合性を目指すには、「企業の目標と価値観」と「社員のキャリア目標と価値観」

との間にある共通点を、マネジャーが意識的に探して明示しなければならない。自然と浮かび上がってくる明らかな共通点もある。たとえば、「前に進むことで繁栄する」という点は両者に共通している。企業は新製品を売り出し、市場シェアを増やし、新市場に進出したい。社員は新たな職務を引き受け、自分の能力を高め、当然もっと多く稼ぎたい。換言すれば、企業も社員も勝てるチームに所属したいと思っている。だがもう少し詳細に見ていくと、お互いのズレもわかってくる。たとえば、ある社員は子供の早期教育に興味があるのだが、今のコミットメント期間にはそのような要素はまったくない、というズレだ。しかし、その社員は上司に細かく指示されずに自主的に仕事を進め、仕事時間もフレキシブルな働き方を大切にしたいと考えているとしよう。会社は早期教育への興味では「整合性」をつくれないが、働き方は尊重し、受け入れることができる。すべてに整合性を求めなくていい。アライアンスを長続きさせるのに、必要十分な整合性を実現するだけでよい。

会社と社員の価値観と将来の展望の整合性を取るのは難しい作業だ。だが、コミットメント期間を導入すれば、整合性が必要となるのは特定の任務が終了するまでの限られた期間となり、整合性にまつわる諸問題を解決可能なレベルにまで限定できる。第2章で述べたように、リード・ホフマンは、若きマット・コーラーの目標がベンチャーキャピタリストになることであり、いずれ必ず辞めると知りながらも、彼をリンクトインに採用した。両者にメリットをもたらすコミットメント期間を設定したからこそ、ホフマンは会社を変革できる貴重な社員を採用できたのだ。

必要なのは、社員のコミットメント期間における目標と一致するよう整合性を構築することだ。なにも社員の「人生の目標や価値観」とまでも一致させる必要はない。前にも述べたが、会社は家族ではない。社員の価値観と将来展望は尊重すべきだが、無条件に支援する義務はないのだ。

コミットメント期間のタイプに応じた整合性

どの程度の整合性が必要なのかは、コミットメント期間のタイプによって違ってくる。ローテーション型の場合、会社の利害と社員の利害が重なる部分は比較的少なくてもいい（図3－1）。変革型の場合、両者の価値観および利害はかなりの重複が必要になる（図3－2）。基盤型になると、重複はほとんど一〇〇％に近い（図3－3）。

整合性を構築する三つのステップ

整合性の構築作業はアートであると同時に、サイエンスでもある。マネジャーの参考になるよう、以下に三つのステップを示した。

1. 会社の核となるミッションと価値観を打ち立て、それを広める

会社が何を標榜しているのか明快な言葉にできなければ、社員はあなたの会社の何を支持すればいいのかもわからないだろう。あらゆる会社の芯の部分には「ミッション」がある。ここでいう「ミッション」は、「ミッション・インポッシブル」でエージェントに割り当てられるような戦術的な任務とは違う。会社の「ミッシ

図3－1

ローテーション型コミットメント期間

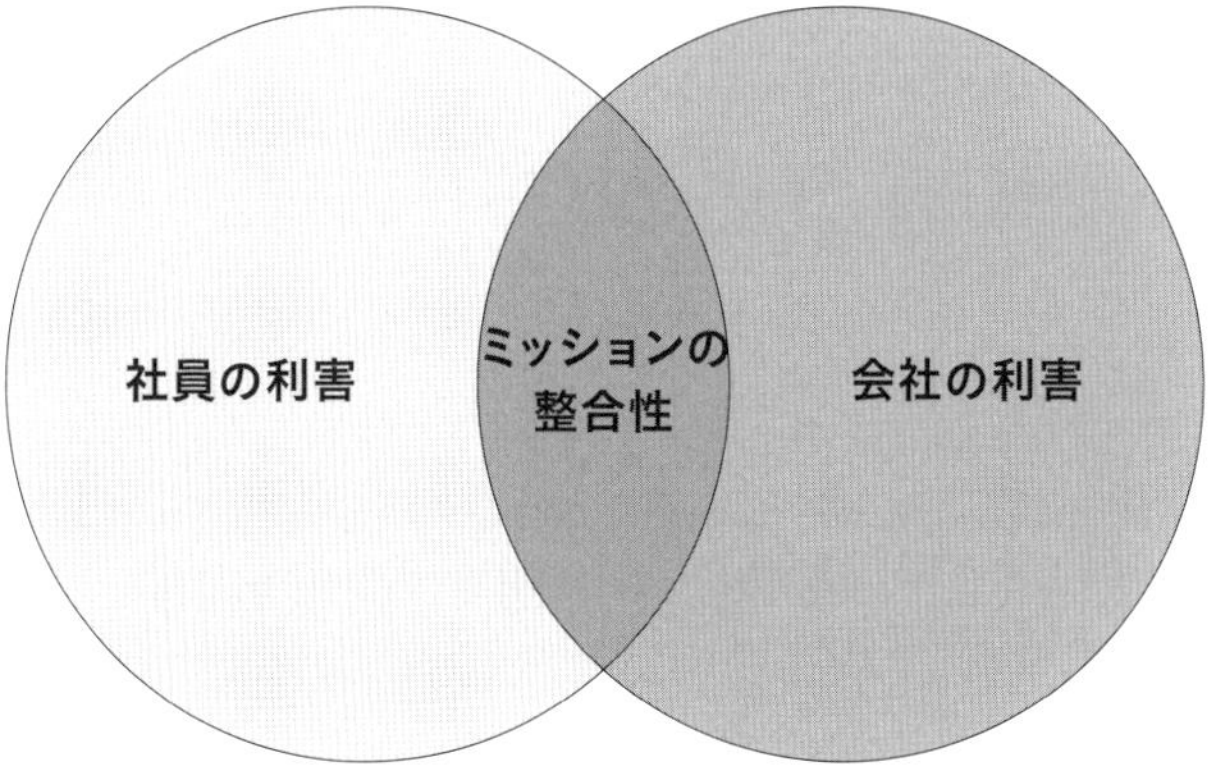

ョン・ステートメント」が表すミッションは、道標となる大原則であり目標だ。優れた企業は、競合と明確に異なる具体的なミッションを持っている。

たとえば「素晴らしい製品をつくり顧客のニーズに応える」というミッション・ステートメントは実質的に無意味である。そんな抱負はあらゆる企業に当てはまるし、当たり前のことだからだ。これでは目標でなく結果だ。ニーズとは具体的に何か、顧客とは具体的に誰か、それが大事なのだ。

ミッションと価値観を表す優れたステートメントは、一部の有能な人たちに強い整合性を感じさせる一方で、ほかの人たちには「この会社は自分に合わない」と気づかせるほど十分に具体的かつ厳密

図3－2

変革型コミットメント期間

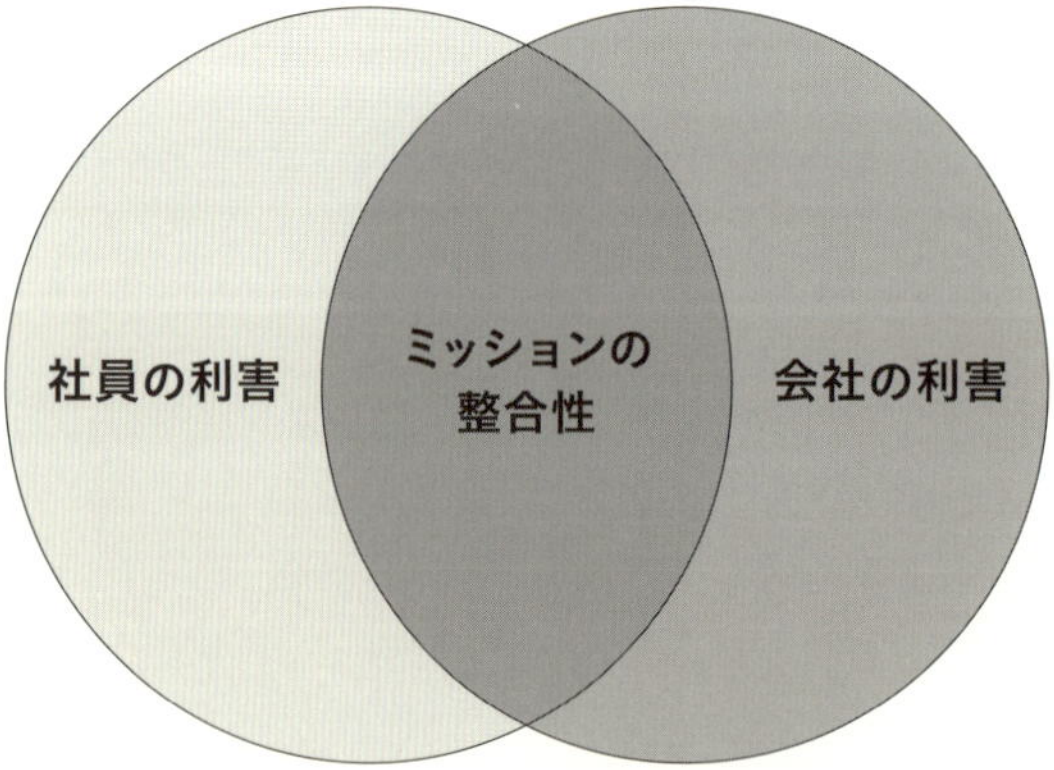

でなければならない。その会社や集団に強い整合性を感じられない人々を失うことになるかもしれないが、彼らを失うのは会社にとって「よいこと」だ。会社に残ると決めた人たちとは、はるかに強い整合性を築けるからだ。ウォルマートのミッション・ステートメントは明快である。「節約のお手伝いでみなさんによりよい暮らしを」。エクソン・モービルはここまで明快ではない。「我々は世界で最も優れた石油と石油化学の会社でいるために全力を尽くすと誓う。そのためには、最高水準のビジネス行動を忠実に守りつつ財務面と運営面で素晴らしい結果を常に出し続けなければならない。この揺るぎない要求水準こそが、かかわる人々に対する我々のコミットメントの基

図3－3

基盤型コミットメント期間

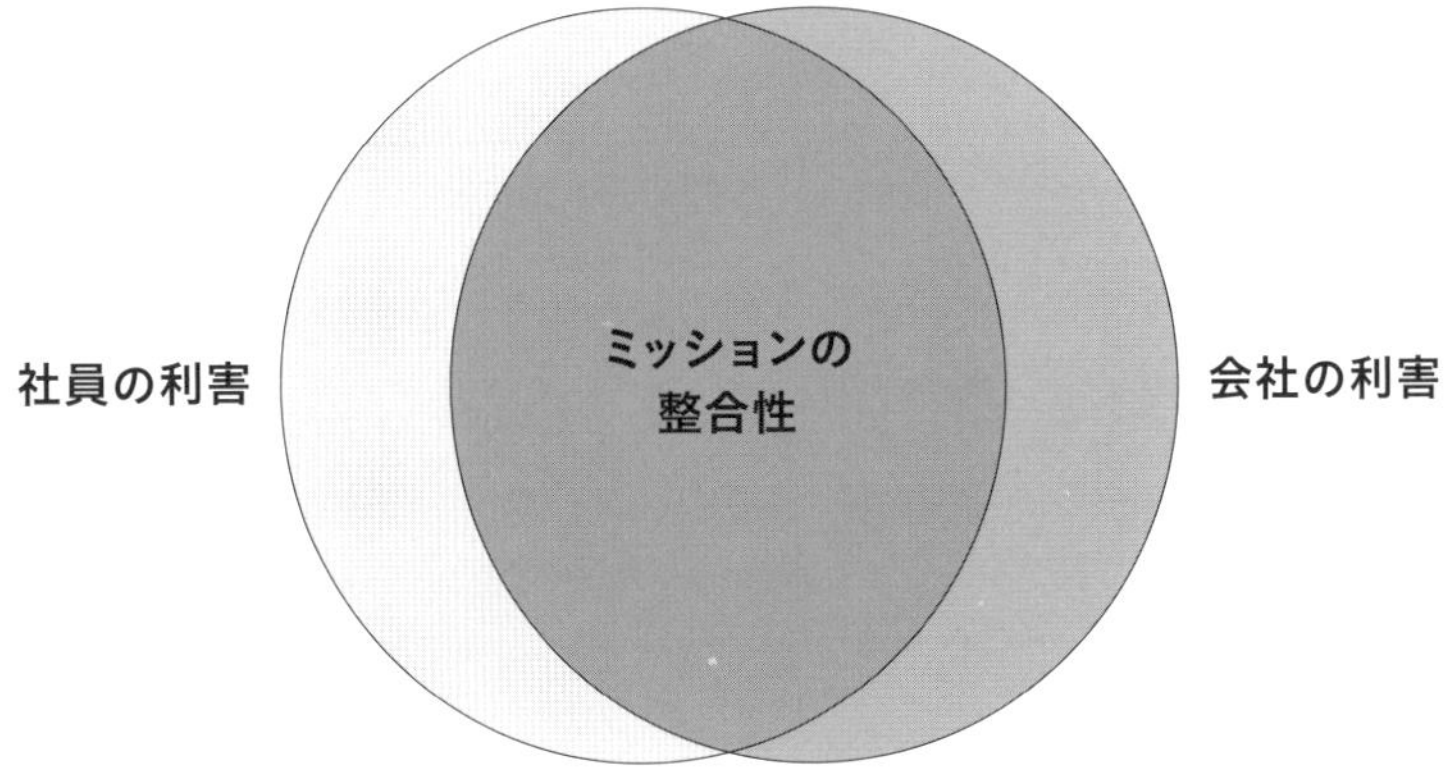

盤となる」[2]――。端的に翻訳すると「勝て。だが法は破るな」である。これは、すべての合法なビジネスにとっていうまでもないほど当然ではないだろうか……。

さて、こうした各社の価値観の中身はここでの議論にそれほど重要ではない。大切なのは、会社の価値観が存在すること、そして、幹部やマネジャーがその価値観をはっきり言葉で説明できること、である。その目的は社員が自身の個人的価値観を会社やチームの価値観と比較できるようにする点にある。あなたが経営幹部チームの一員でなくとも、自分が率いるグループや事業部のために目指す姿と価値観を打ち立ててもいい。

2. 社員の大切にしている価値観とありたい姿を知る

社員に「あなたが最も大切にしている価値観は？　どんな人でありたい？」などと聞くのは、最初はきまりが悪く感じられるかもしれない。だがこれは、いい人ぶろうという話ではない。価値観について話し合うと、社員とその上司、そして会社との三者間でより強い信頼と信義を築く大事な一歩を踏み出せる。イーベイではＣＥＯのジョン・ドナホーが、すべての社員について理解することができるよう、制度を導入した。

「彼らの人生において、どんな人でありたいかを知りたいのです。『あなたが注目し、いつかあの人のようになりたいと願う人を教えてください』と聞きます」

自分のキャリアに関する目標や価値観については、人によって具体性のレベルがバラバラだと思っておくといい。少数だが自分が人生に望むことを正確に把握している人もいる。それはいいケースだ。こうした人たちとの会話は比較的簡単だ。

そうでない人は、目標やありたい姿といっても漠としたものしかない。たいていは、何かの分野で「向上」を目指すといった程度だ。だが、それでかまわない。具体的なコミットメント期間について上司と話し合う中で、そのコミットメント期間における本人の「向上」が何を指すのか、上司の助けを借りて明らかにすればいい。完璧に正確な答えにこだわってはいけない。たとえばベン・カスノーカは、リード・ホフマンの事業家、社会貢献活動家、および市民としての関心事項を支援するために組織を立ち上げ、ホフマンの首席補佐官のような役割を務めたが、その際にカスノーカが表明した目標はおおざっぱなものだった。「将来また別の会社を立ち上げるための準備として起業家スキルを磨きたい。知的刺激を与えてくれる人々との関係を築きたい。国際的なテーマとチャンスにもっとふれたい」――。彼の目標はやや具体性に欠けたが、ホフマンとカスノーカがミッションを組み立てるのに十分であり、そのミッションを出発点にやりがいのあるコミットメント期間を作成できた。

さらに、とりわけ新人レベルに多いが、キャリア上の目標やありたい姿についてまったく考えたこともない社員もいる。自分の価値観をはっきり言葉にするのに苦労するような社員が相手の場合、間違いのない方法が一つある。これはキャリア・エンゲージメント・グループのアン・フルトンに教えてもらった方法で、そのような相手との対話が一気に進む。まず最初に、その人が尊敬する人物の名前を三人書き出してもらう。次に、それぞれの名前の横にその人物について尊敬できる点を三つ書き出してもらう（合計で九つ）。最後に、その九つを、大切に思う順に一番から九番までランクづけしてもらう。これで、その人の個人的な価値観のリストができあがる。あとはそれを会社の価値観と比較検討すればいい[3]（著者三人がこの方法を試した結果は付録Bを参照）。

一般に、会社のミッションと価値観は明快なことが多く、しかもあまり変化しないのに対し、社員のキャリアに関するミッションと価値観は、それほど明快に定まっていないことが多いと心づもりしておこう。

3．社員、上司、会社間の整合性を目指し協力する

みんなの価値観と目指す姿が明瞭になったら、次は、関係者全員の整合性を高める

ために力を合わせていこう。トップダウン方式ではなくコラボレーション型の作業だ。これは会社側だけの仕事ではなく、社員側にとっても大事な仕事となる。社員、上司、会社の三者が協力してこの作業にあたることで長期的関係が築きやすくなる、前向きな作業だ。ジョン・ドナホーも次の点を強調する。「（社員のありたい姿を探り当てたら）次に、その目標と結びつく経験をイーベイで得るにはどうすればよいか、一緒に考えるのです」

新規に採用する社員の場合、採用プロセスの最中から整合性の作業に着手する。たとえば、メガネ販売のワービーパーカーの創業者ニール・ブルーメンソールは、採用面接時に整合性を確認するため一風変わった質問をする。「当社では、すべての活動を楽しくしたり、ちょっとふざけたりするのを大事にしているんです。だから面接ではよく『最近はどんなコスチュームで仮装しましたか？』と聞きます。別に、過去四週間、一度も仮装していなかったからといって落とすわけではありません。狙いは、この質問に対する反応を見ることですから。真面目すぎるタイプの人だとしたら、注意報ですね。仕事は大真面目に考えてほしいのですが、個人としてはふざけられる人が欲しいのです」[4]

整合性を高めるには、時に微調整や妥協も必要になる。繰り返しになるが、自分の中核にあるありたい姿や価値観が丸ごと会社の目的として掲げられている、などという社員はまずいない。たとえば、リンクトインのＣＥＯジェフ・ウェイナーは、米国の教育政策に情熱を燃やしており、リンクトインの事業にはほとんど役立たないドナーズチューズ（公立学校の先生に備品や校外学習の費用を個人が寄付できるオンラインサービスを運営するＮＰＯ）の理事を務めている。また、シリコンバレーで働く社員の多くは、いつの日か創業者になりたいと思っている。これは明らかに、いずれは会社を辞めるということだ。それでもコミットメント期間の間、関係者全員がメリットを得るように利害をそろえることはできる。たとえばリード・ホフマンは、リンクトインの社員で新たにスタートアップ企業に転職したいと思っている人々にこう伝える。もし彼らがリンクトインで働けば、実用的なスキルを身につけることになるし、次のステップに進む準備ができた時、彼らがリンクトインに貢献してきた実績があれば、自分はシリコンバレー内ならグレイロック（訳注：最も人気のあるベンチャーキャピタルの一つ）の出資先企業だろうとどこだろうと、彼らの転職に力を貸すと――。

整合性を達成するには、ケースごとに最適な切り口を見つけなくてはならない。それは時間軸かもしれないし、仕事の範囲や性質かもしれない（相手の社員が特定の経験を求めている場合）。繰り返すが、社員と会社の目標を永遠に一致させる必要はない。コミットメント期間の間だけでいいのだ。

最終的には利害と価値観、そしてありたい姿の整合性が一致するほど、会社とその人材との間に長期間続く強固な提携関係の可能性が高まる。

〈実践編②〉リンクトインの整合性構築法

デビッド・ハーンの四回に及ぶコミットメント期間のエピソードを覚えているだろうか。シリコンバレーという争奪戦が激しい人材エコシステムの中で、リンクトインが一〇年近くもハーンを引き止められた理由の一端は、一つひとつのコミットメント期間において、上司がハーンと会社のミッションをしっかりそろえる整合性を構築したからだ。

大学を出たハーンは、自分の望むキャリアプランを考えるにあたり、セオドア・ルーズベルトの有名な金言に触発された。「人生が与えてくれる圧倒的に最高の宝は、なすべき価値のある仕事に打ち込む機会である[5]」

ハーンにとってそれは、世界によい影響を与える方法を見つけることであり、しかも可能な限り大きな影響を与えることだった。そこで彼はワシントンD.C.でキャリアのスタートをきった。政治と政策を通してそのビジョンを実現しようと思ったのだ。だが実際に政治の世界に入ってみると、変化のスピードが遅すぎて満足できなかった。

そこでシリコンバレーのスタートアップの世界なら、自分が満足できるチャンスがあるはずだと考えた。彼は最初に二つの目標を定めた。一つは起業に成功して会社を大きく育てた実績を持つ偉大なリーダーから学ぶこと。一つは財務業績の追求だけでなく、もっと大きなミッションを持つ企業で働くこと――。

彼は二つの目標に一度に近づける方法を思いつき、それを実行した。まだ草創期にあったリンクトイン（会社ではなくそのサービスのほう）を使って最近ワシントンD.C.からシリコンバレーに移ってきた人々を探し、そのうちの一人、ペイパル元幹部のキース・ラボイを説得して採用してもらったのである。ハーンはラボイの立ち上げたエポック・イノベーションに入社した。同社は失読症（読書障害）の治療にテクノロジーを役立てようとする急成長中のスタートアップ企業で、彼の目標にぴったり合う企業に思えたのだが、入社後数週間で経営が行き詰まってしまった。すでに親しくなっていたラボイとハーンは次にやることを一緒に探し、ラボイがペイパル時代に同僚だったリード・ホフマンをハーンに紹介する。当時のホフマンはリンクトイン（会社のほう）を創業したばかりだった。ハーンが振り返る。「初めて会った時からはっきりとわかりました。リードは凄い人物でぜひこの人から学びたい。『可能な限り大きな影響を世界に与えたい』という点でも私に近い価値観を持っている、そう思いました」――。ラボイとハーンは翌週からリンクトインで働き始めた。

ハーンは、世界中のプロフェッショナルに仕事の機会を提供するというリンクトインの壮大なミッションに胸を弾ませていた。さらに、上司となるラボイが指摘したように、ハーンとリンクトインは互いに短期的利益が一致していた。ハーンはリンクトインに加わることで、ペイパルを成功させた実績のある経営チームから会社の立ち上げ方を学べる。一方でリンクトインは、一人で何役もこなせる敏腕のゼネラリストを得ることになる。加えて四年後にリンクトインのCEOがジェフ・ウェイナーに代わると、ハーンは、企業経営者として経験豊富な彼がいかに中小企業をグローバルな公開企業へと規模拡大するか、その手腕を学ぶこともできた。

この間ハーンの上司は何度か代わったが、すべての上司がハーンのキャリアも会社も変革できそうなコミットメント期間をしっかりと設計してくれた。たとえば、ハーンはリンクトインの初期の収入源の一つとなる事業をゼロから立ち上げることに関心を持った時期があった。その時会社は、彼がその目標を追求できるようコミットメント期間の内容を変更している。ハーンは自分の部下にも同じやり方を適用した。「リンクトインの基本方針は、社内でよくできる人材に自分の関心ある分野を追求してもらうことです。特に、最初は本人の能力をちょっと超えていることをやらせるのがベストです」とハーン。「この方法は、うちの優秀な人たちをいつもやる気にさせ、できる限り短期間で仕事ができるようにするのに非常に有効でした」

価値観を一致させる整合性の作業には長い時間がかかることもある。そして、粘り強く対話を続けながら深い信頼を築いていくことが求められる。常に前回話し合った内容を土台にし、一回ごとに内容を深めていくのがいいだろう。

グループで価値観をすり合わせる

ほとんどの会社には文章の形で表現された価値観がある。大半は「高品質を目指して全力を尽くします」といった無害な常套句の羅列であり、知性への侮辱といっていい。あなたの会社の公式な価値観にまともな中身がなかったら、自分のチームのために勝手に価値観をつくってしまおう。当然のことだが、内容のある価値観づくりには、CEOがアライアンスを自ら実践し、自ら作業を率いるのがベストだ。

CEOと幹部チームが会社の価値観のたたき台をつくり、それを幹部ではない基盤型の社員たちに広く読ませ、批判や意見をオープンに取り入れながら改善していくのがいい。CEOは社の中核にいる基盤型社員の賛同を先に得てから、このプロセスを全社に広げよう。

一〇〇〇人に及ぶ全社員をＣＥＯが大ホールに招集し、その場でみんなで話し合ってゼロから価値観を生み出すよう命じるなど不可能だ。とはいえ、真逆のやり方、すなわち、ＣＥＯが自分好みの価値観を決め打ちして、それを「自発的に」受け入れるよう全社員に要求することもできない。

社員が七五人より多い場合は、部署横断的な小グループに振り分けるといい。それぞれ個別に会議を開いて、ＣＥＯチームのつくった価値観のたたき台について議論してもらうのだ。こうした率直な対話から浮かび上がってくる会社の真の姿は、経営幹部が予想もしなかったものになるかもしれない。しかし、「自分たちには社会的使命を重視するカルチャーがある」と経営陣が思い込んでいる企業で、実はカネだけで動く傭兵のような姿勢に満ちていた、というケースは非常に多い。マネジャーは自社の真の企業文化を理解しておく必要がある。

部下の個人的価値観を一対一ですり合わせる

直属の部下とは一人ずつ一対一で面談し、部下の核となる価値観とありたい姿を明らかにし、その価値観と会社の価値観がどうそろいそうかを話し合う。なにも個人的な価値観を社内のイントラネットで公開しろとか、自分の社員証の余白に書き記せ、などと要求する必要はないが、彼らの価値観とありたい姿を「なんとなくの手がかり」から「明確なポイント」へと転換する必要はある。部下の目標を知らないマネジャーに、どうして変革型コミットメント期間を設計することができようか？

心を開いて信頼を得る

部下が大事にしていることを知れば信頼関係の構築に役立つ。ニューヨーク州立大学ストーニーブルック校の心理学者アーサー・アーロンが行った実験では、被験者に心の奥底にある感情と信念を打ち明けてもらうと、通常なら数週間から数カ月、時に数年もかけて形成されるような信頼感と親しみが、わずか一時間で生まれることもあると判明した。[6]「今までで最高の同僚はどんな人でしたか？」とか「どんな瞬間に自分のキャリアを最も誇らしく思いますか？」といった率直な質問をすれば、心理的な距離感を縮めることができる。

ただし、率直な質問をする相手が部下の場合、背後にある力関係のせいで高圧的に感じさせる可能性があることを心にとめておかなければならない。だからこそ、最初にあなたのほうから心の奥底にある価値観やありたい姿を打ち明けて口火を切ることが重要なのだ。前述のアーロンの実験でも、お互いに自分の心のうちを開くような回答を相手に伝えるよう、被験者に求めていた。

ブラッド・スミスはこの手法をインテュイットに取り入れている。「面接では必ず最初にこう聞きます。『三分から五分で今までの人生をざっと語り、どのように今の自分になったのかを教えてください。その中で、あなたがどんな人で、どのようにビジネスやリーダーシップに取り組むのか、私たちが理解する手がかりとなるような大事な瞬間に触れてください。たとえば、いじめや愛する人の死、大きな選択を間違えた時などの逆境にどう対処したかといったことです』」。この手法のポイントは、まず質問者が自分の話をすることだ。面接者に実例を見せると同時に、脆さをさらけ出してもいいのだというお手本を示すことにもなる。

4 変革型コミットメント期間を導入する

うまく活用する四つのステップ

しっかりと整合性の取れたコミットメント期間を導入し実施するということは、率直でオープンに、みっちりと対話をしなければならないということだ。大事なことをほとんど突き詰めることのない、形骸化した業績評価は過去のものになる。マネジャー（上司）と部下の双方が、共通の目的と現実的な期待水準について明確な（ただし拘束力はない）合意を交わす。この合意に基づいて、「相互に」業績査定と目標管理を定期的に行う。上司は部下に具体的なフィードバックと指針を与え、それと同じだけ大事なこととして、部下は自分の長期的なキャリア目標について上司と語る機会を持ち、約束どおりに会社がその目標実現に尽力してくれているかを話し合う。

以下、変革型コミットメント期間を実際に導入するための指針を順を追って解説する。この指針は直接の部下に用いてもいいし、組織全体に用いてもいい。いずれの場合でも、必要とあらば、相手が会社を辞めた後のキャリア全体まで視野に入れた話し合いをするつもりで臨むことだ。

1．対話を開始し、コミットメント目標を設定する

どの社員も最初は必ずローテーション型か変革型で採用することになる。採用プロセス中から相手に合わせた最初のコミットメント期間を設計しておく。状況が流動的すぎて詳細を決められないなら、せめて決めるための話し合いを始めておくこと。最低限でよいので互いの信頼関係をつくっておけば、会社にも社員にもメリットがある。変革型コミットメント期間で人を採用することがどれだけ大きな変化をあなたの会社にもたらし得るか、採用前に認識しておこう。新たに採用される側も同様に、この会社に入ることでいかに自分のキャリアを高めることができるかを知っておけば、満足感ははるかに高まる。

コミットメント期間のメリットは新規採用者だけのものではない。既存の社員に対してコミットメント期間を導入すれば、社員が求めてきた明確さが得られ、会社との

関係が強化される。コミットメント期間を設計するには、会社と社員が次の問いに答えを出す必要がある。

コミットメント期間の目標は？

会社が社員と一緒に定めるコミットメント期間には、明快で詳細、そして確固たるコミットメント目標がなければならない。具体的なプロジェクトの立ち上げ、社内プロジェクト、組織変革などだ。たとえば、イーダ・グルテキンがリンクトインで最初に得たコミットメント期間の目標は、顧客の乗り換え問題を調査して解決することだった（第2章参照）。会社の役に立ちながらも、同時にその社員の成長を助けるような**コミットメント目標**を選ぶことが肝心である。

この目標に基づき、コミットメント期間がどれくらいの長さになりそうかも決めなければならない。要は、目標がしっかり達成できるまでコミットメント期間が続くようにするのだ。グルテキンの場合、最初のコミットメント期間はわずか半年で終わったが、その後のコミットメント期間はそれぞれ数年間の長さになった。

コミットメント期間の「正しい」設計は、それぞれの社員が何を必要としているのかにもよるだろう。多様な経験をすることに価値を見出しているなら、内容が多岐にわたる短期のコミットメント期間を数多く経験したいかもしれない。安定性をより重視しているなら、期間が長めで継続性のあるコミットメント期間を少数こなし、いずれ基盤型に移行することも視野に入れることを希望するかもしれない。

最後に、第3章で解説したように、会社側と社員側の価値観とありたい姿がそろっていくような目標であることも大切だ。

そのコミットメント期間が成功した場合、会社に何をもたらすのか?

コミットメント目標の成功は、質か量のいずれかの面で会社に成果をもたらすことになる。たとえば、新しい製品ラインを立ち上げて初年度に一定の収益を上げるとか、特定の市場カテゴリーでトレンドを生み出す存在になり、アナリストのレポート類からそれがはっきり読み取れるほどになる、といった形だ。

リンクトインでは上司がこう自問する。「この社員によって当社はどのような『変革』を遂げるだろうか?」

そのコミットメント期間が成功した場合、社員に何をもたらすのか?

コミットメント期間が成功すれば、会社だけでなく社員自身にも大きな変化をもたらす。大きな変化とは、たとえば、新しい知識とスキルを身につけたり、技術や特定分野、マネジメントの経験を得てキャリアを向上させたり、際立った実績を残すことで社内外で個人ブランドを構築する、といったことかもしれない。通常、ここでいう「成功」に社内での昇進は含まれない。

リンクトインでは上司がこう自問する。「当社で働くことによってこの社員のキャリアはどのような『変革』を遂げるだろうか?」。リンクトインでは全社員に「変革計画」への記入を求める。一人ひとりが、自分自身、会社、世界をそれぞれどのように変革したいと思うのか、明確にする。

同社のグローバル・タレント部門(人事部)の責任者パット・ワドースは、同じ変革でも「大文字の変革(Transformation)」と「小文字の変革(transformation)」を区別して考えている。大文字の変革とは、たとえば、昇進や素晴らしい仕事を割り振られるといった大きなことだ。大文字の変革につながる任務は全体の二〇%ほどしかない。だからこそリンクトインでは、小文字の変革が大文字と同じかそれ以上に重視される。見かけの輝かしさでは大文字の変革に及ばないかもしれないが、その社員の市場価値を着実に向上させるのだ。市場価値が高いタイプのプロジェクトで転職の武器になる経験を積むとか、新たなスキルを身につけるとか、業界の人々から実力を認められる、といったことが「小文字の変革」の実例だ。リンクトインの個人プロフィール画面が徐々に発展し、結果的に小文字の変革が目立つようなデザインになってきたのは偶然ではない。

2. 双方が定期的にフィードバックし合う仕組みをつくる

コミットメント期間を導入すると、従来型の年次ベースの業績評価はほとんど無意味になる。カレンダーではなくコミットメント目標がコミットメント期間を規定するからだ。さらにいえば、年次業績評価ではフィードバックがまったく足りない。コミットメント期間が会社と社員の双方から見て目標に向かって進んでいるか、定期的に評価する「チェックポイント」の仕組みをつくろう。このチェックポイントは一定期間（たとえば四半期）ごとに置いてもいいし、各コミットメント期間のプロジェクト計画の節目ごとに行ってもいい。どちらであれ、チェックポイントの目的は、両サイドが望む結果に向けて進捗度合いを一緒に評価する、オープンな話し合いの場を設けることだ。必要があれば、進め方を修正することも可能になる。ここでは、「双方向の」話し合いにすることがポイントだ。会社は社員の貢献度合いを伝え、同時に社員は、会社が自分のキャリア目標の達成に役立っているかどうかを伝える。

3. コミットメント期間の終了前に次の期間の設計に着手する

コミットメント期間が終了する相当前の時点から、そのコミットメント期間終了後に本人がどうしたいのかを話し合う時間を設ける。前もってこの話し合いをしておくことで、コミットメント期間完了にまつわる不確実性を排除できるし、その社員（とその上司）に次の任務が楽しみだと思ってもらうこともできる。

このような話し合いの結果は、おおむね次のAかBのどちらかになるだろう。

A. 会社に残り次のコミットメント期間を始める場合

次のコミットメント期間を会社から提案されたら、それを真剣に検討することも、現在のコミットメント期間中の任務の一つだ。次のコミットメント期間で、現在の任務の続きを担うことになれば、双方にとっていろいろな面で理想的だ。会社側も社員側も過去の投資を活かすことができる。新製品の立ち上げを成功させた社員がコミットメント期間の継続を決めれば、本人もその製品を育て拡大していく手法を学べるし、会社側も立ち上げ時の成功を活かすことができる。新しい責任者に過去の経緯をすべて理解してもらう時間と手間をかけなくてすむ。

次のコミットメント期間は、一回目より短くても長くてもいい。コミットメント目標次第だ。経験を積んだ社員は、それほど助走期間を必要としないから、この目標さえきっちり定めてあれば短期間に成果を出すことができる。逆に、より戦略的で長期間のコミットメント目標に従事させることもできる。一回目のコミットメント期間で、会社を信頼し、会社からも信頼される社員になったからこそ、任せられる。

ゼネラル・エレクトリック（GE）には、将来性のある社員向けの経営人材育成制度がある。わくわくするようなコミットメント期間を、社内で継続的に設計していくお手本のような制度だ。成長ポテンシャルの高い社員には、異なる部署、事業部、地域にわたるローテーション型コミットメント期間をいくつか連続して取り組ませる。GEは多種多様な事業分野にまたがる複合企業体だ。幹部候補社員は、この制度を通して経営の一端を担う訓練を積んでいく。同社のさまざまな事業分野で、数多くのコミットメント期間を経験することなくGEのCEOになった人は、まだ一人もいない。

新しいコミットメント期間に取りかかる前に、その社員は現在のプロジェクトを引き継ぐ後継者を見つけ、育成すべきだ。その社員よりも後継者のほうが、プロジェクトを次のフェーズに進めるのに適任なこともある。後継者への道筋をつけることは、その社員にとってもよい区切りになり、満足感が生まれる。人生の何年かで責任を持った自分の製品やプロジェクト、構想などが、コミットメント期間終了後も、信頼できる人の手にバトンタッチできるとわかるからだ。

会社も社員本人も関係を継続したいのに次の明確なコミットメント目標が自然に浮かんでこない場合、双方ともなかなか苦しい思いをする。その場合、一番よい手は、現在のコミットメント期間を延長することだ。ただし、新たな可能性を検討する節目を、数年後ではなく数カ月後に設定しておくこと。

B. 別の会社で次のコミットメント期間に取り組むと決めた場合

優秀な社員を失うことは、マネジャーが最も恐れることの一つだ。しかしこれは避けようがないし、理不尽なことでもない。自社のトップ人材を一人残らず永遠に慰留できる企業など、どこにも存在しない。

優秀な部下が会社を去るという結論を喜べとはいわないが、それでも隠れて転職を決められるより計画的な退職のほうがましだ。部下が会社を去る可能性については、オープンに、正直に話し合おう。社員の味方として、次の一歩を正しい方向に踏み出すサポートをするのはマネジャーの務めだ。その社員にある選択肢を正しく評価する手助けをしよう。選択肢の中に、他社で働く可能性が含まれていたとしても、だ。マネジャーにも社員にも勇気がなくては、転職という選択肢について正直に話し合えない。マネジャーは、相手が転職する可能性に真正面から向き合わないといけないし、社員は、本音を打ち明けてもマネジャーからペナルティを食らわないという確信を持つ必要がある。社員から信頼されて、マネジャーは転職の可能性について他社よりも先に話し合える「**優先対話権**」を得る。

転職すると決まったら、会社と社員は移行期間について話し合って合意し、移行のためのチェックリストを用意しよう。チェックリストには、コミットメント目標を完了するために本人にしてもらうべきことをすべて書き出す。とりわけ、プロジェクトを誰に引き継ぐのかという問題は重要だ。チェックリストの項目をすべて完了させたら、その社員はコミットメント目標をきちんと完了したことになり、転職後も会社とは良好な関係を維持する。転職予定の社員から元社員に至るまで、会社を離れる人々といかに付き合ったらよいかは、第7章で詳しく論じる。

4. 想定外の事態に対処する：コミットメント期間の途中での変化

コミットメント期間は契約ではない。フリーエージェントや雇用関係を取引と見なす考え方では、法律や契約に重きを置くが、アライアンスは違う。中心にあるのは道義であって、法律ではない。そしてコミットメント期間も、公式な契約ではない。大切な関係を尊重し守るための、自発的な合意だ。会社側は、コミットメント期間では互いに道義的に義務を負うからといって、社員に負担を強いるようなポストを押しつけてはならない。経営陣の判断ミスのせいで適切なポストを与えられなかったのなら、なおさらだ。コミットメント期間の目的は、誠実な対話で信頼を重ね、社員が自発的に会社に留まる期間をなるべく長くする点にある。本人が望まない役割に社員を縛りつけることも、自社に合わない社員が留まって会社を機能停止させることも、コミットメント期間の目的ではない。

会社か社員のどちらかがコミットメント目標の完了前にコミットメント期間を終わらせたいと思ったり、そうせざるを得なくなった場合、そのプロセスを互いに協力して進めよう。他社から素晴らしい転職の誘いを受けたら、社員はその誘いを受けていい。ただし、受けるにあたっては、スムーズに引き継ぎ作業を行うため、全力を尽くす責任があることを自覚すべきだ。引き継ぎのため、必要であれば転職時期を遅らせることも視野に入れる。道義に基づく関係とは、そういうことだ。

同様に、社員のコミットメント期間にあるプロジェクトを会社の都合により再編・中止せざるを得ない場合、当初約束していた仕事上の目標と個人的成長の目標に向けての本人の歩みに支障をきたさないよう、会社は全力を挙げて取り組まなければならない。会社と社員の関係が長くて深いほど、その関係を維持する責任は双方ともに大きくなる。移行や引き継ぎが必要になったら、スムーズに円満に進むよう、努力するのは当然だ。

一方的にアライアンスを破棄されたら?

コミットメント期間の最中に何の手当てもしないまま会社を去る社員がいれば、それはアライアンスを破棄したことになり、相応のペナルティを課される。何よりもまず、信頼と評判に大きな傷がつくだろう。大事な関係で背信行為をしておいて「ビジネスってこんなものだろ」では通らない。道義は大切なのだ。実務面でもペナルティがある。「卒業生」ネットワーク(会社のOB・OG会)での名誉ある地位(詳細は第7章)や好意的な推薦といった将来のメリットが得られなくなる。

一方、コミットメント期間の最中に会社が社員を一方的に解雇したり、自己変革をもたらすような成長機会を約束どおりに与えなかったりした場合、会社またはマネジャーは、アライアンスを破棄したことになる。その社員との関係を軽視しておきながら、相手が将来も会社の味方でいてくれると期待するのは、虫がよすぎる。周囲に会社のことをよくいったり、顧客や人材を紹介してくれたりするといったことはなくなるだろう。ソーシャルメディアの台頭により、雇用する側がアライアンスを破棄した場合の影響は甚大なものになった。今や、元社員が内部事情を世間に暴露することが可能になり、実際にそうする例も少なくない。繰り返しアライアンスを破棄する会社（またはマネジャー）は、現在の社員からも将来の社員候補からも「信頼に値しない」と警戒されてしまう。会社であれ個人であれ「あの会社、あの人はアライアンスを破棄した」という一言だけで、何が起きたのか誰にでも十分に意味が伝わる世界にいつか（できれば早いうちに）なることを、我々は望んでいる。

上司が替わったら？

コミットメント期間の途中で上司が替わったからといって、合意済みの約束事を白紙に戻すのはその社員から見て不当だ。一方、新しい上司にとっても、前の上司が立てた計画に縛られるのもまた不当だろう。この場合、前任者を尊重しつつ移行するのが、正しいやり方だ。まず最初は、新しい上司もそれまでのコミットメント期間を継続するつもりで始めるべきだ。その後、コミットメント目標を変更しなければならないと上司が考えた場合には、そうする自由があると理解しておこう。ただし、部下が上手に着地できるよう導く、という道義的義務は変えてはいけない。コミットメント期間の内容について、マネジャーと部下の暗黙の了解とせず、文章に書き記しておくことが非常に大切である理由が、ここでわかってもらえたのではないだろうか。

片方の当事者がきちんと成果を出せない場合は？

コミットメント期間の最後まで全うされるかどうかは、会社と社員双方の業績に影響される。会社全体が傾いてくれれば、アライアンスの責任を果たすことは不可能だろう。仕事上の成長機会を社員に提供するはずだったのに、その環境や役職を会社が維持できなくなれば、「その社員のキャリアを一変させる」という約束を守れていないことになる。逆に、実際の仕事でたいした成果を出せない社員は、「会社の適応力を高めるのに貢献する」という約束を守れていないことになる。とはいえ、成果が不十分な時も、アライアンスは「取引」でなく「関係」であることを忘れてはならない。一時的な好不調の波は必ず起きるが、双方ともに目先の乱高下に反射的な反応をせず、長期的な視点を保つべきである。一回の試合で不調だからといってプロ野球選手が切り捨てられることは決してない。でも、その選手が一カ月間もスランプ状態にあれば、チームが彼をトレードしたりクビにしたりする可能性は十分にある。

社員が社内で別の部署や役職を望んだら？

社内の横異動の場合は会社を離れるわけではないが、それでも転職と同じように会社と社員が協力してコミットメント期間を完了させる必要がある。コミットメント目標が予定どおり進むようにしながら、滞りなく異動できるなら、会社はそれを阻止してはいけない。たとえばリンクトインでは、社員が、現在の任務をリスクにさらさずに自分が社内で横異動できる環境を整えたのであれば、上司はその異動を阻止しないという方針がある。そのような異動であれば、社員本人の意志にも、その社員に対してリンクトインが行ってきた投資にも、社員と会社との全般的な関係にも配慮した異動であるといえるからだ。

COLUMN

部下との対話――マネジャーへの助言

コミットメント期間についての対話を実りあるものにするコツは、「体系化」「一貫性」、そして「透明性」だ。三つとも、コミットメント期間を支える要因そのものであることも、押さえておこう。

コミットメント期間の種類に応じて対話スタイルを変える

変革型または基盤型のコミットメント期間を導入しようとしているなら、踏み込んだ対話を覚悟しよう。社員ごとにパーソナライズされた長期的なアライアンスを築くという話になるからだ。対照的に、ローテーション型なら標準化されており期間も短いため、より定型的なやりとりですむ。

会社と社員の関係がどの段階にあるかによっても対話スタイルは変わってくる。採用・入社プロセスの最中にコミットメント期間について話し合うのは、比較的やりやすい。採用する側とされる側は互いに相手を知らないため、双方に明確な目標を話し合いながら合意しようという自然な流れになる。同様に、成功裏に終わりそうなコミットメント期間に続く、次のコミットメント期間を設計するのも、比較的簡単だ。それが自然な通過点だからだ。一方、既存の社員でフリーエージェント型のマインドを持つ人をコミットメント期間へと転換するのは難易度が高い。今までと違う新しいやり方を理解してもらうには、段階を追って何度も対話を積み重ねる粘り強さが必要となるだろう。

力関係にこまやかな心配りを

ふつうは、会社のほうが雇われる側より力があるものだが、人材争奪の激しい市場や、候補者が非常に付加価値の高いスキルを持っているケースなどでは、逆もあり得る。どちらであれ力の不均衡があると、力の強い側がそれを悪用して自分の利益を追求するのではないかという不安が生じる。会社の力が強い場合は先手を打って、公正な交渉を行う姿勢を見せたほうがいい。逆に候補者側が優勢でその力を主張しようとした場合、雇用主はいったんその事実を認め、そのうえで改めてウィンウィンの関係を築くための話し合いに注力しよう。

評価基準として先行指標を使う

収益やページビュー、顧客満足度といった指標は、コミットメント期間の成果を測るうえでおおいに役立つ。終身雇用の時代は上司を満足させておけば出世できたが、熾烈な競争下にある現代社会では、そのようなやり方は通用しない。経営理論の大家ピーター・ドラッカーはこの点を最も的確に表現した。「計測できるものは管理できる」――。コミットメント目標のアライアンスの度合い、人脈を活かしたネットワーク情報収集力、コミットメント期間中の「チェックポイント」での全般的な満足度、といった先行指標を注意深く管理しよう。そうすれば、社員の離職率や会社への愛着度といった遅行指標でもよい結果が残せるはずだ。

良心への訴えを濫用しない

アライアンスで両者をつなぎ止めるのは、契約上の決め事ではなく道義的責任だ。とはいえ、良心に訴えるのは相手が提携関係を破った場合に限るべきだ。罪悪感につけ込んで会社に引き止めようとする経営者が多すぎる。社員のキャリア選択に、経営者やマネジャーの個人的感情を持ち込んではならない。それで会社に留めることに成功したとしても、禍根を残すことになりかねない。説得するなら、アライアンスの理念を打ち出し、理念に基づく判断を求めよう。

コミットメント期間の進捗具合をフォローしていく

コミットメント期間に関する対話は、一度限りで終わるようなものではない。信頼は、長期間にわたる一貫した姿勢によって築かれることを覚えておこう。大半の社員は、流行のマネジメント手法が来ては去るという経験をイヤというほどしている。アライアンスに本気で取り組んでいることを示すには、実際の行動しかない。こまめに対話の機会を見つけ、フォローしていこう。本章で解説した「チェックポイント」や、部下とたまたま一対一になった時など、機会はいろいろある。

率直さと透明性で信頼関係の基盤をつくる

アライアンスでは、マネジャーと社員の関係はオープンで、双方向だ。対話のトーンも同じようにオープンで双方向だと感じてもらえるよう、言葉を選ぼう。「信頼」「透明性」「会社とあなたの提携関係」といった言葉は大切だ。心を開いていることが伝わるもう一つの方法は、社員が会社を辞めることになりそうなケースについても躊躇せずに話し合うことだ。隠し事のない対話は信頼づくりを後押しし、突然退職されるリスクを減らしてくれる。

解雇するための対話ではないと保証する

悲しいことだが、部下は自分の目標や成果について話し合うと上司から聞かされると、反射的に、近い将来に解雇されるサインだと解釈してしまう。アライアンスは互いにメリットをもたらすのが基本であること、この対話は全社員（または部署の全メンバー）を対象に行われていることを相手に強調しよう。

《戦術面の具体的ヒント》

●計画的に行う

準備なしの対話でコミットメント期間の概略を理解させるのは無理である。前もって数時間の予定を空け、カレンダーに正式な会議として書き込んでおくこと。個室または会議室も予約しておく。話し合いでは自ら詳細なメモを取り、相手にもメモするよう促す。話し合いの最後には、次の段階で何を話し合うか確認し、次回の日程を決める。最終的な合意事項は「アライアンスの合意書」として文書化する（付録Aにサンプルを示す)。

●話し合いのテーマは事前に伝えておく

この対話は共同作業だ。上司と部下の双方が準備万端で臨めばお互いに得るところが大きい。上司だけが準備を整え、部下はぶっつけ本番で対応するような話し合いであってはならない。部下が本人の考えと提案を事前に準備できるよう、十分な時間を取ろう。

●可能な限り具体的に

コミットメント期間という枠組みの狙いは、目標と期限に関するあいまいさを排除し、話をなるべく具体的にする点にある。たとえば、部下に個人的人脈を利用してもらいたいと思っているなら、具体的方法をはっきりと伝え、計画に盛り込む(ネットワークの利用については第6章で詳細に論じる)。こんな人たちと会いたいとか、国際的な経験を積みたいといった希望が社員にあるなら、コミットメント期間中のいつ頃、どのように実現できるかを明文化する。

5 社員にネットワーク情報収集力を求める

社員を通して世界を自社内に取り込む

終身雇用では、マネジャーも社員も社内に集中することがよしとされた。マネジャーは社員に効率的に職務を遂行させることに全力を挙げ、社員は社内で昇進することだけを考えた。ところが、ひとたび終身雇用モデルが崩壊し始めると、このような内向きの姿勢は自滅的な自己陶酔になってしまった。

ここまで議論してきたように、今や、会社も社員も社外に目を向け、自分がどのような環境の中で仕事をしているのか全体像をつかんでおく必要がある。特に人的ネットワークの面では、外に目を向けるのが大事だ。会社は、各社員が業界全体の中でだいたいどのような位置づけなのか、把握しておかなければならない。一方で社員は、自分の職業上のネットワーク、すなわち人脈が、長期的キャリア展望を広げるのに大切な資産になることを認識しておこう。同時に社員は、アライアンスの一環として、自分の個人的な人脈を会社の事業にも役立てるべきだ。業界の「誰を」知っているかは、スキルとして「何を」知っているかと同じくらい会社にとって有益な場面がある。**会社は、社員に仕事上のネットワークを広げる機会をつくって彼らのキャリアを一変させるサポートをする。社員は、自分のネットワークを使って会社を変革する手助けをする。**まさに会社と社員の提携関係だ。

会社にとって「情報」は極めて重要で、社員の人脈は「情報源」としてとても貴重だ。一〇年以上前にビル・ゲイツは書き記している。「競合から自社を差別化する最も有効な方法、自分をその他大勢とはっきり区別する最高の方法は、情報に関して抜きん出ることだ。いかに情報を集め、管理し、活用するかが勝敗を決する」[1]

私たちは、入手可能な情報のほんの一部しか活用していない。たとえば、最近仕事上の難題をどうやって解決したか思い返してほしい。とりあえずの解決法は、会議を開くことだろう。誰かが答えを知らないかと期待して、社内の優秀な人たちを一堂に集める——。ところが、情報源として社内の頭脳だけに頼るようではダメなのだ。**社外に存在する優れた頭脳は社内より多い。**健全な経済エコシステムでは、これは常に真実だ。

経営幹部の大半はこの事実を理解している。だからこそ、経営判断をする際は少しでも役立つ情報を求め、業界の「自分の」友人にわざわざ連絡するのだ。初めからそのような習慣を持っていたことが、幹部にまで出世できた一因なのだろう。ところがそんな経営幹部でも、より広く有用な情報源に目がいかない人が非常に多い。それは、新人まで含めた「すべての」社員の知識とネットワークという情報源だ。

社員一人ひとりを、外の世界から情報を仕入れてくる「偵察員《スカウト》」だと考えてみてはどうか。記事や書籍や社会人講座からの情報、そして最も大事なのが業界の内外にいる彼らの友人からの情報――。各社員が、会社の適応力を高めるのに役立つ情報を外の世界から受け取り、読み解くことができるのだ。競合は今何をしているのか？　カギとなる技術のトレンドは？　経営者の役目は、それぞれの偵察員《スカウト》の力を見極め、それを発揮するよう促すことだ。社員全体のネットワークが発達しているほど価値の高い情報が入手でき、社員が自分のネットワークから得てきた知識を会社に戻って共有すれば、会社が大きな課題を乗り越えるのに貢献できる。

まとめると、個々の社員が持つ人的ネットワークを活用した「**ネットワーク情報収集力**」（訳注：自分の人脈（ネットワーク）全体が所有する知識・情報のこと）は、組織が外部とかかわり合い、そこから学ぶのに最も効率的な方法なのだ。「アライアンスがあるのだから」と、ネットワーク情報収集力をわざわざ持ち出さなくても、積極的な社員なら、勝手に仕事上の人脈を社外に広げるはずだ。業務の一環としてそうするよう勧めるかどうかは経営者やマネジャーが自分で判断すればいい。

前著『スタートアップ！』で、個人のキャリアはその人の持つネットワークの強さに応じて加速すると書いた。我々はこの原則を「ＩのＷｅ乗（I^{We}）」と名づけた。ここで会社とマネジャーが問われるのは、はたして社員に「自分の」人脈を「会社の」ために喜んで使いたいと思わせるほど信頼されるかどうかだ。

実は、仕事のできる社員は喜んでそうするようだ。ハーバード・ビジネス・レビュー読者を対象にした我々の調査によれば、回答者の四分の三以上が自分の個人的な人脈を仕事に役立てていると答えている。

だから、社員が仕事中にツイッターでつぶやいても、就業規則違反をしたかのように扱わないこと。むしろ奨励しよう。面白い人たちとランチをしたら会社の経費にしてよいと社員に伝えよう。彼らの個人的なネットワーク開拓を後押しし、会社と社員が互いに信頼し助け合う風土を育てる。いざ会社のために個人的な人脈を利用してほしいと頼んだ時、前向きに応えてくれる可能性が高まるだろう。

さらにおまけの効果として、積極的なネットワーク情報収集力の活用を促す施策は採用活動にも役立つ。起業家は外向き志向が強い。大企業のような人的資源が社内になく、社外に目を向けざるを得ないからだ。起業家タイプの人材が欲しいなら、社員が個人的ネットワークを広げやすい会社になればいい。彼らにとって非常に魅力的な雇用主になれる。

このように外向き志向には数々のメリットがあるにもかかわらず、一部のマネジャーは、居心地のいい会社の屋根の下から一歩も外に出たがらない。自分および身近な同僚の頭脳だけを利用し、それ以外の人々の知恵はいっさい求めない。自分が完全に把握できている世界の中から出る答えしか知りたくないのだ。こうしたマネジャーは、社員に社外から情報収集するよう促すことを過剰に怖がるかもしれない。企業秘密や戦略が意図せず漏れてしまいかねないと。

確かに、社員が社外のネットワークを自由に張りめぐらし、外からも彼らがよく見えるようになると、明らかな「リスク」がある。彼らを採用したいと思う企業やその採用担当者に発見されやすくなってしまうのだ。これはもっともな心配である。しかし、自らの姿をさらさずに一方的に外の世界から利益だけを得るためのマジックミラーは存在しない。多くの企業は、ネットワーク情報収集力がもたらすメリットよりも、社員が離職しかねないというデメリットのほうが大きいと思っている。だが本当はどうなのか、リンクトインに聞いてみるといい。同社ほど、この現実と正面から向き合っている企業はほかにない。なにしろ同社の社員は全員、リンクトインで自分のプロフィールを公表し、常にそれを更新している。広範な人々とネットワークを持ち、他社の採用担当者から簡単に見つけられてしまう。確かに一部の社員はリンクトインを去った。だが、はるかに多くの社員が、仕事で築いた人脈を同社のために使ってきている。

シリコンバレーが成功した大事な要因の一つに、ネットワーク情報収集力や、その背後にある、積極的に社外の人々の助けを借りようとする姿勢がある。そのリスクは大半の人が考えるより低く、外向きであることのメリットは、あなたが思っているよりおそらく大きい。

ネットワーク情報収集力の四つの役目

ここまで議論してきたように、ネットワーク情報収集力の最もわかりやすい役目は、社外の情報源と会社の橋渡しをすることにある。社員の個々のネットワークは情報源であると同時に、新しい情報のフィルター役も果たす。

そして、ネットワーク情報収集力の第二の役目は「隠れた情報」、すなわち、一般には公開されない情報へのアクセスを可能にすることだ。インターネットがない時代、ビジネス書などの二次情報を読んだり、大学の社会人講座に通ったりすることは、会社や専門家としての個人が競争に勝つのに役立った。しかし今や、この種の公開情報はグーグルのおかげでコモディティ化してしまった。この時代に優位に立つには、人脈を活用して人々の頭の中で渦巻いているものを巧みに引き出すことが必要になる。こうした最新の情報、ニュアンスも含めた情報こそ、最も効果的な競争優位をもたらすのだ。ウォール・ストリート・ジャーナルの朝刊でこの種の情報が得られることはない。グーグルで検索しても出てこない。高度にネットワーク化された時代においては、「何を読んできたか」よりも、「誰を知っているか」のほうが価値のあることが多いのである。

一例を挙げよう。ペイパルの創業初期、同社の最大のライバルはイーベイ（当時のペイパルの最重要パートナー）とウェルズ・ファーゴが合弁で立ち上げた決済システム、ビルポイントであった。当時のペイパルが置かれた状況を考えてみてほしい。事業の大部分はイーベイでのオークションの支払いを処理することだったのに、そのイーベイ自らが、ライバルとなる決済システム事業（ビルポイント）に乗り出し、イーベイの利用者には、一人残らずこれを勧めていた。端から見れば、ペイパルの未来は厳しく思えたことだろう。

それでもご存じのとおりペイパルはビルポイントに圧勝し、イーベイはペイパルを、一五億ドルで買収せざるを得なくなった。カギとなった勝因の一つは、ペイパルのほうがネットワーク情報収集力を巧みに利用したことだ。この情報収集の取り組みを指揮したのが、当時ペイパルの上級幹部だったリード・ホフマンだった。彼は幹部クラスから個々のエンジニアに至るまでスタッフ全員に、各自のネットワークを活用して、ビルポイントの戦略を探るよう命じた。一方、ビルポイント側の担当チームは、ペイパルの戦略を読み取るのにネットワーク情報収集力の活用を一切考えなかった。

ペイパルの社員は、オネスティ・ドットコムやオークション・ウォッチ（現在はベンディィオ）といったイーベイのプラットフォームを足場に成長中の企業と話し、そこから二つのカギとなる事実をつかんだ。一つ目。ビルポイントは、不正行為を防ぐための銀行との強い結びつきこそが、インターネット上の決済システムで成功するのに欠かせない要因であると確信していること。このためビルポイントの経営陣は、ウェルズ・ファーゴとの合弁事業である点がペイパルに対する圧倒的優位になると思っていた。二つ目。ビルポイントの思い込みとは異なり、イーベイのプラットフォームを利用する企業（とその顧客）は、銀行との強い結びつきをそれほど重視していなかった。彼らは使いやすさ、とりわけ、Eメールでのやりとりのしやすさをはるかに重視していたのである。不正行為の防止は衛生要因（訳注：ないと不満だが、あっても動機づけにはならない要因）であり、決済システム採用の推進力とはならなかったのだ。こうした情報すべては一般に公表されていなかったが、かといって機密事項でもなかった。

ネットワーク情報収集力の活用は、倫理的に行わなければならない。ペイパルの社員は、情報収集の際に身分を偽ってあちこちに潜入したり、使い捨てのEメールアドレスで質問を送ったり、ビルポイントのゴミ箱を漁ったりはしていない。単にビルポイントの経営陣や社員と話し、彼らに市場をどう見ているか質問することで、自分が調べてわかったことを確認しただけだ。さらに驚くべきことがある。こうした直接の対話の際、ビルポイント側はペイパルの人たちに同じことを聞こうともしなかったのである。ペイパルの戦略はネットワーク情報収集力をはっきりと重視し、ビルポイントは軽視した。

ネットワーク情報収集力の第三の役目は、セレンディピティが予想外の発見をもたらすことにある。これはイノベーションの大きな推進役となる。「イノベーションは異なる分野や文化の交わる交差点から生まれる」と、コンサルタントで作家のフランス・ヨハンソンは主張している。まったく独自のイノベーションというのは少ない。大半のイノベーションは、すでにある技術や手法を新たな分野に持ち込むことで成立しているのだ（点滴用の袋の技術をバスケットボール・シューズに応用した例がある）。社員が仕事上の、そして個人のネットワークを駆使して情報を集める時、情報を教えてくれる知り合いの出自や経歴、専門性は、おそらく、非常にバラエティに富んでいるだろう。ＭＩＴのデボラ・アンコナとヘンリック・ブレスマン、デビッド・コールドウェルによる論文“The X-Factor”には、次のような指摘がある。「イノベーション、実用化、そして実行が不可欠な環境において成功を大きく左右するのは、担当チームがどのように部外者と付き合うかである」。なぜなら、成功するチームは「組織の中でも外でも壁を乗り越え、密度の濃いネットワークを構築するからだ[2]」。

狭い世界の中で一番賢かったとしても、たいした成果は上げられない。ネットワーク情報収集力は物置のような「狭い世界」を野球場レベルに拡大し、すべての社員の人脈を合わせた広大で多様な世界的ネットワークが内包されるようにする。課題解決のスピードが上がるはずだ。さらによいのは、社員とのアライアンスも全体的に強化される点だ。彼らは人脈を広げたいと思っている。ネットワーク情報収集力のプログラムや施策は、まさに彼らの動機をサポートできる。

ネットワーク情報収集力の四番目の役目は、それなしでは見過ごしていたであろうチャンスに気づかせることだ。ペイパル成功秘話の一つは「口コミを増やす方程式」を発見したことだが、その発見は、ネットワーク情報収集力なしでは生まれなかった。ペイパルは、イーベイがペイパルの利用促進の強力な推進役になると気づくと、何かよいアイデアはないかと、イーベイを活用している他社に目を向けた。そのうちの一社、オネスティ・ドットコムは、イーベイに大量出品している売り手の力を活用して成長する手法を見つけ出していた。同社は「オークション・カウンター」という、売り手の出品ページがどれだけ閲覧されたか数えるカウンターを無料で提供していた。オークション・カウンターを利用したい売り手は、自分のイーベイのログイン情報をオネスティ・ドットコムに登録すると、自分の出品アイテムすべてにカウンターが設置される。その出品アイテムをチェックした人はみな、この便利なオークション・カウンターを目にする。ほかの売り手もオークション・カウンターに登録し、するとその出品リストがまたオークション・カウンターの宣伝になる――という形で利用が拡大したのだ。

この事実を見抜いたのは、リード・ホフマンでも他のペイパル幹部でもない。現場にいる「ふつう」の一社員だった。こうして同社が「お支払いはペイパルで（Pay with PayPal)」ボタンを導入すると、売り手は自分の出品アイテムすべてにそのボタンを設置するようになり、同社の急成長が始まった。もしネットワーク情報収集力を活用していなければ、ペイパルの物語はまったく別の結末になっていたかもしれない。

さて、次章では、ネットワーク情報収集力活用プログラムの導入に向けた具体的な方法を検討していこう。

6 ネットワーク情報収集力を育てるには

社員の人脈を伸ばすコツと戦術

社員を通してネットワーク情報収集力が社内に流れ込むようにするのを、経営の最優先課題にしよう。ネットワーク情報収集力の強化・拡張に狙いを絞った制度を運営していけば、業績アップの後押しになるだけでなく、最高レベルの人材を獲得し、引き止めるうえでも役立つ。以下では、個別チームや組織全体にネットワーク情報収集力を活用する仕組みを導入する方法を、順を追って説明しよう。

1. ネットワーク力のある人材を採用する

採用の時から意識して候補者のネットワーク力を優先的に評価しよう。ただし、的確に評価できることが肝心だ。ソーシャルメディアのフォロワー数がネットワーク力だと誤解している人もいる。数字に目を向けるのではなく、適切な人々と繋がっているかどうか、そしてその繋がりから実際に有用な情報を入手したり、他人を動かすことができるかどうかに注目しよう。

面接では、仕事において最も助けてくれる人について聞くといい。採用候補者の問題解決のやり方を探り出すのだ。自分の人脈にいる専門家に電話をかけるタイプだろうか――。また、組織の外部からネットワーク情報収集力の使い方をよく心得た人材を採用するだけでなく、経営陣がネットワーク力を重視する姿勢を示すことで、組織の内部に対しても「ネットワーク力が重視される」という強烈なメッセージを送ることになる。

幹部クラスの採用では、相手のネットワーク力を正しく評価する必要性がさらに高まる。幹部候補者の面接時、リード・ホフマンは必ず次の質問をする。「あなたが入社したら、あなたが次に採用したい人は誰ですか?」。優れた人材であれば、自分と一緒に働きたいという人をネットワーク上に何人も抱えているはずだ。面接後、名前の挙がった人物にホフマンが連絡を取り、当の幹部候補者の人物評を聞くことも多い。

我々は〝ネットワーク・マニア〟(ここでは「不快なほどやたらに愛想を振りまく人」を指す)を採用すべきだといっているのではない。初対面の相手と即座に打ち解ける能力が必要だともいっていない。その手のスキルはある種の仕事(たとえば販売)には不可欠だが、それ以外ではさほど重要ではない。我々はただ、他の条件が一緒ならば、組織としてネットワーク力を評価する方法を身につけ、強いネットワークを持つ人材を採用したほうがいいといいたいだけなのだ。

2. 会話とソーシャルメディアを駆使して情報を掘り出す手法を教える

多くの企業、とりわけ上場企業は、社員がうっかり機密を漏らさないよう防御に貴重なエネルギーを割いている。「近く市場投入する製品について話さないように」「企業戦略について話さないように」「企業として現在何に取り組んでいるか誰かに聞かれた場合、話していいか広報部に確認するように」——。このような守りの姿勢の前提となるのは、「どうせ社員には『非公開』と『機密』の違いが理解できない」という認識だ。その考え方には問題がある。

ビジネスの世界では、非公開情報を全部いっしょくたにして一つのカテゴリーに押し込めることが非常に多い。これはおそらく金融の世界で「公開情報」と「インサイダー情報」との間に厳しい線引きがなされるせいだろう。しかし金融取引や金融市場を除く世界では、非公開情報は、性質のまったく異なる二つの種類に分けることができる。

たとえばクリス・イェは、ビジネス・ソフトのサース（ＳａａＳ／Software-as-a-Service）の価格設定に関して起業家からよく助言を求められる。ＰＢワークスや他のスタートアップ企業で、自ら采配を振るって価格体系を刷新し、収益増を実現した経験があるからだ。たとえばＰＢワークスでは、一〇〇ドル未満だった某顧客からの売上げを四年間で一〇〇万ドル近くにまで増やし、同社最大の大口顧客に育てることができた。彼は非公開の「隠れた」データをもとに価格設定の助言をする。とはいえ、顧客や将来計画に関する具体的な機密は何一つ漏らさない。そのような機密情報に高い価値を見出すであろう人々は間違いなく存在するが、それを漏らすのは明らかに不適切だ。ここで重要なのは、社員が機密情報を一切漏らすことなく、自分のネットワークで情報交換できるという事実だ。

社員には積極的な姿勢で社外と情報交換するよう促そう。直属の部下には、チームの直面する重点課題について各自の人脈の中の人々と意見交換してもらう。彼らの友人知人に聞くべき質問を用意し、わかったことを後で共有するよう伝える。著者の我々が友人知人に聞くであろう質問の一部を以下に紹介しよう。これらの質問はどの業界でも役立つはずだ。

- 業界の方向性を決めるカギとなる技術（たとえばビッグデータ）のトレンドは？
- 他社（および競合）の現在の取り組みは？　成功しているか？　失敗か？
- 顧客の心情について。どんな気持ちが彼らを動かしているのか？　彼らはどう変わったか？
- 手を組むべき業界内のキーパーソンは誰か？
- 業界内の人材採用のトレンドは？
- 業界への新規参入組はどんな人たちか？　面白いことをしている企業はあるか？

実りある会話へと導くために、右記の質問に自分自身でも答えられるようにしておくといい。

もちろん、社員は個人的に正しいことをしていると確信できるように、質問内容を自分の裁量で決めてよい。ライバル社で働く友人と話す時は、話題を自社やそのライバル社ではなく、第三の競合相手に集中するようもっていくとよい。また自分が得た情報を会社に報告する際には、情報源を匿名にすべき場合もあろう（「○○社の商品開発部長、山田さんの話によると……」ではなく「友人の話によると……」という形で報告する）。もしくは機密事項を守るために細かい事実を変えることも考えられる。

最後に、こうして得られた情報が間違いなく会社に還元されるよう、社員からの助言や情報が経営陣へ伝わるよう〝後押し〟する仕組みを確立しよう。社員が得た知見が、利用者の少ない社内イントラネット（さらに悪いのは紙のノート）にしか蓄積されないのは困る。どんな知見であれ、共有されなければ無価値だ。ホフマンのベンチャーキャピタル、グレイロック・パートナーズでは毎週月曜日、各パートナーがその週に面会する予定の社外の人物を全員リストにして配っている。他のパートナーはリストを見て、知っていることを教え合ったり、具体的な質問事項を提案して知見を交換したり、有用な繋がりが得られるよう助け合ったりできる。さらにホフマンは、グレイロックの消費者向けサービス担当チームに「今週会った中で一番興味深い人物は誰だった？」という質問に答えてもらい、定期的に社内で回覧している。これよりさらにざっくばらんなやり方もある。ベンチャーキャピタルのアンドリーセン・ホロウィッツは、社内の人々のネットワーク情報収集力を活用する変わった仕組みを導入している。毎回パートナー会議の冒頭に「うわさ」を持ち寄り、一番いいものに一〇〇ドルの賞金を出しているのだ（うわさ話の真偽は問われない）。

3. 個人のネットワーク構築を支援するプログラムと方策を全社展開する

ソーシャルメディアを積極的に利用し、自分を発見されやすくするよう社員に勧める

経営者は、自社の社員が「仕事によって」社外から発見されやすい存在になってほしいと望むべきだ。すでに、グーグルならびにフェイスブック、ツイッター、リンクトインといったソーシャルメディアのおかげで、社員個人を見つけるのは容易になっている。ならば、会社にとって最大限に役立つような形で、社員に自らの存在をアピールするよう促すといい。二〇一三年、ネットフリックスのCEOリード・ヘイスティングスが自社のスター社員一七〇人を選び出した時、そのうちの九人がリンクトインを利用していないことに気づき、九人全員にリンクトインのアカウントをつくるよう命じた。せっかく社内にさまざまな人的ネットワークの中心にいる人たち（＝スター社員）がいるのだから、ネットフリックスの全社員が、彼らを必ず探せるようにしておきたかったのだ。

社員が自分の個人ブランドを築き上げ、業界のオピニオン・リーダーになれるよう

な施策を推進しよう。といっても、ＣＥＯは全社員にツイッターを始めるよう命令すべきだといいたいのではない。個人ブランド構築を強要すれば社員に激しい苦痛を与えることになり、外部の目からも本気ではないことがわかってしまう。また、有名人のゴシップ記事をフェイスブックでシェアすることも、まともな個人ブランドづくりにはならない。もちろん、有名人のうわさ話があなたの会社のビジネスに決定的な影響を与えるなら話は別だが。

　社員個人が活発にソーシャルメディアを利用すると、会社の具体的な成果に結びつく可能性もある。たとえばハブスポット（インバウンド・マーケティングのサービス企業）の社員は、リンクトインの「知り合い」の数が、平均的なリンクトイン利用者の六・二倍にもなる。シェアやコメントの回数、アップデートに「いいね！」をする回数も平均より八倍多い。このように、ハブスポットの社員がリンクトインを使って勝手に仕事上のネットワークを育てていることが、同社の「人材ブランド」にプラスの効果をもたらしている。ハブスポットがリンクトインに求人情報を出すと、会員企業の平均より二倍多くの応募者が集まるのだ。さらにリンクトイン上にある同社のページは五万人を超えるフォロワーを持つ。その大半はハブスポットの求人情報に興味があると明言している。

社員のために「ネットワーキング予算」を設ける

前著『スタートアップ！』において、起業家タイプの個人に勧めたテクニックの一つに「面白い人基金」がある。自分の人脈にいる面白い人物とお茶を飲んだり食事をするためにおカネをとっておくのだ。これの企業版が、社員のための「ネットワーキング予算」である。大半の企業はビジネスランチを経費として認めるが、ネットワーキングランチを経費で落とせる企業はほとんどない。それでも経営幹部クラスはほぼ例外なくこうしたネットワークづくりのためのランチをしており、会社は結果的にその恩恵を受けている。会社は社員が同じことをするのを認めるだけでなく、積極的にそうするよう「求める」べきなのだ。そしてそこで学んだことを後で報告してもらう。

ハブスポットにはLearning Lunch（「学びのランチ」）制度があり、社員は何かを学べそうだと思う相手なら誰でも食事に誘い、会社に経費を請求できる。同社の共同創業者であり最高技術責任者のダーメッシュ・シャアは、最初に興した会社でこの仕組みを生み出し、今日まで続けている。旅行や出張先では必ず地元の起業家や興味深い人々との夕食を企画し、お互いに学び合おうとする。「一つ後悔しているのは、ハブスポットの立ち上げ当初に『学びのランチ』制度を導入していなかったことです」とシャア。彼はこのような夕食会を主催する「プロ」として、コツとお手本を公開している（音響のよいレストランを選ぶ。人数は六人から八人までに抑える。全員がお互いの顔を見えるよう、できれば円卓をリクエストする)。

リンクトインにも似たようなプログラムがある。業界内のデキる人物との昼食は経費で落としていい。ただし、そこで得た情報の簡単なレポートを領収書と一緒に提出することが条件だ。これは昔ながらの人事部慣行とアライアンスとの見事な融合である。どちらのプログラムも大して時間や手間はかからない。簡単な施策一つですむ話だし、かかる費用も最低限だ。

社員の講演会を企画する

社員がリーダーシップを身につけたり、講演したりする機会を設けよう。社員が社外で「業界のオピニオンリーダー」と認識されるようになれば、会社のブランドと本人の個人ブランドの両方を強化できる。たとえば、シアトル発祥のスタートアップでマーケティング・ソフトウェア企業のモズには、社員に積極的に講演させるための制度がいくつもある。創業者のランド・フィッシュキンは「社員がイベントで話す機会があれば、会社が旅費と宿泊費を出します」と話す。それどころかモズは、社員が自分で講演会を開くことも推奨している。「モズケーション」制度は、社員(モザーズと呼ばれる)がモズ利用者を対象にした小規模なイベントを、ふつうはカンファレンスが開かれないような土地で開催するためのプログラムだ。

自社オフィスでイベントを開催する

自社の設備の有効活用を考えよう。とりわけ大企業なら、会議やイベントを自社オフィスで開催しない手はない。そうすれば社外の人々を自社の敷地内に大勢集めることができるため、社員は気楽に彼らと会い、かかわりを持つことができる。

こうしたイベントは、会社の支援が必要となる公式行事に限定すべきではない。たんに社員がクラブ活動や団体の集まりを会社で開くのを認めるだけでも、コストをかけずに社外ネットワーク構築を後押しできる。自社オフィスで会議を開催する社員には、参加を望む同僚にも門戸を開く仕組みにすることを強く勧める（そうすれば、より多くの人脈が新たに生まれる見込みが高まる）。

リンクトインの社員は誰でも、敷地内のあらゆる部屋、空間、設備を使ってどのような社外グループを招いてもいい。実際、リンクトインの施設で会合を行ったことのある団体は、ＬＧＢＴ（レズビアン、ゲイ、バイセクシャル、トランスジェンダー）グループから地元のトーストマスターズ・クラブ（話し方やリーダーシップを学ぶ国際ＮＰＯ）に至るまで実に多種多様である。さらに毎月三つか四つの業界イベントを自社の施設で開催している。

4. 社員が得た情報を会社に還元させる

社員がネットワークを通して得た知識を積極的に取り込み、会社の課題解決に役立てているだろうか。もしそうしていないなら、あまりにもったいない。毎年何百万マイルも飛行機に乗りながら、チケット購入時にマイレージ番号を伝えないようなものだ。目の前に財産があるとしても、はっきりと請求しなければ手に入らない。社員が面白い人物をお茶に誘ったり、会議に参加したりして情報を得たら、その知識を会社全体に「拡張」できる仕組みを用意しておこう。一通のEメールから本格的なプレゼンテーションまで、共有の仕方はさまざまだ。

会社に情報を還元する作業を、全社またはある部門の通常業務の一部に組み込むのは難しいことではない。英国の高級ブランド、リンレイではどのような手順にしているのか、元CEOのオリバー・カードンが説明してくれた。「デザイナーはみな週に一回、自由研究の時間が半日あります。たいていは金曜の午後ですね。当社の業務内容にほんの少しでも関係があると思えるテーマなら何でもいいのです。そして月に一度、デザイナーは自分の研究結果を発表します。聞き手は同僚のデザイナーたちと私、そして社内の人間なら誰でも発表を聞くことができます」――。このプログラムはデザイナーの個人的人脈を広げるのに役立つだけでなく、彼らの得た知見が社内にくまなく還元されるよう保証する仕組みでもある。

カードンがいうには、このプログラムのおかげで独立心旺盛な熟練デザイナー二人を会社に引き止めることができた。プログラムがなければ二人はおそらく会社を去っていただろう。さらにこのプログラムは、ユニークで革新的な製品を生み出すきっかけにもなった。一例を挙げると、デザイナーの一人が熱狂的なスケートボード愛好家で、スケートボード業界で働く友人と二人でボードの製造技術を研究した。その結果、リンレイは高級ブランド業界で初めて、耐久性と仕上げのためにスケートボード用の素材を利用した製品を生み出すことになった。

リンレイの場合は、全社を挙げてネットワーク情報収集力の活用に取り組んだケースだが、企業のマネジャーが一人でこのやり方を取り入れ、小さなグループや部署を対象に同様のメリットを得ることも可能だ。

〈実践編③〉リンクトインのネットワーク情報収集力活用法

リンクトインの創業時から、リード・ホフマンはネットワーク情報収集力を企業文化として取り入れていた。当初は彼自身がお手本となり、みなに望む行動を身をもって示した。たとえば、社外の人々との会議に出席した際は必ずメモを取り、そこで得た知識をリンクトイン社内に共有した。こうした「きちんとした情報伝達」の狙いは二つある。一つは、社内に同社の置かれた競争環境をしっかりと理解させること。ホフマンは二つのSNS（Tribe.netとフレンドスター）の創業者、マーク・ピンカスとジョナサン・エイブラムズと親しく付き合っていた。リンクトインはこれらのSNSと競合していなかったので、SNS業界全体についての貴重な情報を会社に持ち帰ることができた。ホフマンは、のちに「Web2・0」として知られるようになるトレンドのカギを握る起業家や技術者と密に情報交換していた。

ホフマンが時間とエネルギーを割いて経営チームにきちんと情報伝達したもう一つの狙いは、自分の行動を通して、会社の偵察員《スカウト》役を務めることがいかに重要かを身をもって示すためだった。他の創業メンバーたちも彼を手本にして情報収集を進め、偵察員《スカウト》役として非公開情報の貴重な情報源となった。リンクトインが、将来を左右する重要課題に集中し、他社の教訓を素早く自社に反映できたのは、このネットワーク情報収集力のおかげだった。

リンクトインの企業規模が大きくなってからは、ネットワーク情報収集力を通常業務の一部として組み込み、組織の規模に柔軟に合わせられるような施策を導入した。

たとえば社外の会議に出席してきた社員には、各自で買い込んだ昼食を持ち寄っての ランチ・ミーティング（我々はLunch in Learn（「ランチと学び」）と呼んでいる）を主催し、自分の得た知識を同僚に伝えるよう促している。本人の出席がどうしても無理な場合、または参加希望者が多すぎて小規模会合では間に合わない場合は、社内向け学習サイト「ラーン・イン」にログインして、イントラネットで全社員が見られるよう自分の得た知見を公開してもいい。ホフマンは今も、自ら社外の知見を社内に共有している。また、マーク・アンドリーセンやアリアナ・ハフィントンといった業界動向のカギを握るリーダーをリンクトインに招いては、彼らの知見を全社で共有できるようにしている。

COLUMN

部下との対話——マネジャーへの助言

アライアンスやコミットメント期間についての話し合いでは、ネットワーク情報収集力の話を避けて通ることはできない。コミットメント期間を設計する際、会社側と社員側は、それぞれネットワーク情報収集力に関してどのように取り組み、そこからどのようなメリットを得るか、期待値をはっきりさせよう。たとえば、社員に次のように提案してみる。

「会社はあなたが業務中に個人の人脈づくりに割ける時間を設けましょう。人脈を広げるためにイベントに出席するなら費用も持ちましょう。そのかわり、そのネットワークを仕事に活かしてください。ネットワーク情報収集力を有効利用してコミットメント目標を成し遂げ、自分にも会社にも役立ててください」――。

こうした話し合いと合意に向けて、以下のコツを参考にしてほしい。

ネットワーク情報収集力が会社にも本人にも大切だときちんと説明する

人脈づくりが今後の自分のキャリアにプラスになると社員は本能的に知っている。そこで会社がすべきことは、人脈づくりが相互に利益を与え合うアライアンスの中で、不可欠な要素であることを明確にすることだ。アライアンスの基本理念を思い出してほしい。

「会社はあなたのキャリアを一変させる手助けをする。あなたは会社を変革させ、より環境に適応できるよう力を貸してほしい」――。

人脈づくりのため勉強会やパーティに出席することに罪悪感や葛藤を感じてしまう社員が多すぎる。会社として次の点をはっきりと伝えしよう。「当社は人脈づくりを支援する。なぜならそれは、たんなる個人の利益のみならず、会社にも利益をもたらす互恵的な資産であると認識しているからだ。支援は福利厚生ではない」と。

経営者が率先して制度を利用する

残念なことに、多くの企業では活用される施策よりも守られない制度のほうが多い。せっかく経費請求できるネットワーク・ランチのような制度があり、それが社員案内に明記されていても、利用に二の足を踏む社員が少なくない。そこで、まさにリンクトインの草創期にリード・ホフマンがしたように、経営者やマネジャー自らが手本となって会社の制度を利用する姿を見せ、その利用を促す必要がある。

個人的ネットワークの適切な活用法を示す

社外から得た知見を職場の仲間に伝えることは、ネットワーク情報収集力に欠かせない。部下とネットワーク情報収集力について話し合う時は、切り口として、まずマネジャーが自ら、過去に仕事でぶつかった具体的な課題を取り上げ、その解決にどのようにネットワーク情報収集力を活用したか、具体的なエピソードを話すとよい。そうすることで標準的な活用法を示し、実用的な手順を伝えることができる。

全社員に、彼らが知っている社外の最高の頭脳のリストを提出してもらう

次の社内ミーティングで簡単に使えるテクニックを教えよう。チームのメンバー全員に、最も頭がいい知り合いを三人ずつ挙げてもらうのだ。このリストは多方面で会社の役に立つ。社内講演会の講師を頼める専門家をそこから探したり、課題の相談をできる相手のリストにもなる。この仕組みは、リストを提出した社員にもメリットがある。自分が名前を挙げた相手に講師役やコンサルタント役を依頼することになれば、貴重な知人との関係を強化できるからだ。

7 会社は「卒業生」ネットワークをつくろう

生涯続く個人と会社のアライアンス関係

リンクトイン、テスラ、ユーチューブ、イェルプ（Yelp）、ヤマー（Yammer）、スペースX――。これらの企業の共通点は何だろうか？

イノベーション、そして経済的にも大成功した企業の例というだけではない。これらの企業すべてが、たった一社の「卒業生」（企業の元社員）によって設立されたのだ。その一社とは、ペイパルである。

終身雇用は過去の遺物になったかもしれないが、「終生続く関係」という理想は今も変わらない。ペイパルの「卒業生」が誰よりもよく知るように、その関係はとても貴重なものとなる。フリーエージェント・モデルと違い、アライアンスなら最後のコミットメント期間が終わった後でも社員との信頼関係を維持できるし、維持すべきだ。

終身雇用ではない現在、「卒業生」のほとんどは、退職後も現役で仕事をしている。企業の「卒業生」の強い繋がりがあったらメリットがいろいろあるのに、実際は、享受できている会社と社員はほとんどいない。企業側に「卒業生」との関係を強化したいという隠れた需要があるのは間違いない（その理由は後述する）。それにもかかわらず、辞めた社員と関係を維持する方針をきちんと立てている企業はほとんどない。そして「卒業生」側も、以前の勤務先が時には自分のキャリアにどれほど役立つか、ほとんど気づいていない。

今の時代、終身雇用はもはや一般常識ではなくなった。社員と相互信頼に基づき相互に投資し合う互恵的関係を続けていきたいと考える企業にとって、「卒業生」ネットワークは比較的低コストの施策であり、構築に着手するのは合理的な判断だ。

会社を辞めた後も提携関係を続けていくことは、会社と社員の双方にメリットがある。ある企業が好調ならその「卒業生」も素晴らしく見える。たとえばアップルが落ち目だった頃、アップル出身者を雇いたいとは誰も思わなかった。今やアップルの「卒業生」は引く手あまただ。リード・ホフマンのように、一九九七年のスティーブ・ジョブズ復帰より前にアップルを辞めている人々でさえそうなのだ。一方、ある企業の「卒業生」があちこちでプロフェッショナルとして成功を収めれば、その「卒業生」ネットワークは会社に役立つ貴重な資産となる。たとえばマッキンゼーの名声もビジネスも、その多くは同社の強力な「卒業生」ネットワークから生まれている。ネットワーク情報収集力や優れた人材の紹介、時には売上げまでも同社にもたらしてくれるのだ。

企業が「卒業生」ネットワークのメリットを最大化するためには、会社を辞めた後も関係を維持することが、双方に価値あることをきちんと示す必要がある。幸い、これは決して難しくない。社員側は明らかに「卒業生」「同窓会」としての関係づくりを望んでいる。リンクトイン（サービスのほう）には今や、一一万八〇〇〇を超える企業「卒業生」グループが存在し、フォーチュン五〇〇企業の九八％も含まれている。ところが驚くべきことに、こうした「卒業生」グループの大半は、その企業とほとんど、もしくはまったく関係がない。

企業「卒業生」ネットワークの大多数は、その企業と完全に無関係に運営されている。オランダのトゥウェンテ大学が行った調査によれば、会社として公式に「卒業生」ネットワークを運営しているのは、調査対象企業のわずか一五％にすぎなかったにもかかわらず、元社員が会社と無関係に非公式の「卒業生」グループを組織しているという企業は、六七％にものぼった。[1] この点をよく考えてほしい。彼らはわざわざ個人のカネと時間を投入してこうしたネットワークを立ち上げるほど、繋がりを熱望しているのだ。

非公式であっても、大変よくできた「卒業生」グループが構築されることもある。たとえば「P&G卒業生ネットワーク」はプロクター・アンド・ギャンブルと完全に無関係だ。二〇〇一年に発足したにもかかわらず、会員数はすでに二万五〇〇〇人を超え、しかも、慈善事業とスピーカーズ・ビューロー（講演者派遣事業）まで生まれている。[2] こうした非公式の「卒業生」ネットワークは企業にとって大きなチャンス（しかも大半は見逃されている）だ。大半のグループは元の企業との関係維持よりも、「卒業生」同士の助け合いを主目的としている。これだと「卒業生」にはメリットがあるが、企業にとってはほとんどメリットがない。

だが、もし企業側も「卒業生」ネットワークに加わるようになれば、両者にとってのメリットははるかに大きなものになり得る。そうしない手はなかろう。この章ではまず出発点として、「卒業生」のメリットを十分に理解している二つの業界、専門サービス業界と大学を詳しく見てみよう。

実は高い「卒業生」投資のROI

コンサルティングや会計事務所などの専門サービス業界は、「卒業生」ネットワーク活用の代表例といえよう。マッキンゼー・アンド・カンパニーは公式な制度を一九六〇年代から運営しており、今では、会員数二万四〇〇〇人超と大きく育っている。[3] ベイン・アンド・カンパニーは、企業として「卒業生」対応の最先端を行くためにフルタイムの専属社員を九人充てている。そのうち六人は「ベイン・エグゼクティブ・ネットワーク」の専従で、これは、ベインの「卒業生」を同社の顧客やその他の企業に経営職として紹介したり、「卒業生」に一般的なキャリア・コンサルティングを行うサービスだ。ボストン・コンサルティング・グループやプライスウォーターハウスクーパース、デロイトといった他の同業者も似たような取り組みを行っている。

おそらく専門サービス業界より多くを「卒業生」に投資している唯一の業界は、大学だろう。大学は、卒業生向けの雑誌類の出版、同窓会の開催、小旅行などのイベント企画、その他諸々のために大勢の職員を雇っている。多くの卒業生にとって、出身大学は個人および仕事上のアイデンティティを形成する大事な要素だ。

専門サービス企業と大学の共通点は、「卒業生」が収益増にダイレクトに貢献するので「卒業生」投資を正当化しやすいことだ。専門サービス企業の「卒業生」は、頻繁に新しい顧客を前の職場に紹介し、本人が企業幹部になると仕事を発注してくれる。大学の卒業生は大金を直接大学に寄付し、さらに大学スポーツのチケットや大学のロゴ入りの衣服を購入することで、間接的にも収益に貢献してくれる。

しかし、他のほとんどの業界では「卒業生」ネットワークを運営するメリットがはっきりせず、あっても偶発的なものだ。だから企業は、その可能性を追求しない。新製品を立ち上げれば売上げの増加額は簡単に予測できるが、「卒業生」ネットワークを立ち上げても、正確なリターンを予測するのは難しい。リターンが生まれるまで何年もかかるかもしれない。だが、不確実だからといってハイリスクとは限らないのと同じく、予測不可能だからといって価値が低いとは限らない。

「卒業生」ネットワークは、必要な投資額は思うよりはるかに少なく、リターンは思うよりはるかに多い。多くの企業できちんと検討すれば、「卒業生」ネットワークを構築するという案は、明確な説得力がある話だとわかるはずだ。また、「卒業生」ネットワークを維持することは、アライアンスの要となるのだ。

「卒業生」ネットワークに投資すべき四つの理由

1. 優れた人材の獲得に役立つ

「卒業生」ネットワークが人材獲得に役立つ理由の一つ目は、会社を離れていた「出戻り」社員が、またコミットメント期間で復帰しやすくなるからだ。「出戻り」社員は社内のルールと文化を熟知しつつも社外の眼で会社を見ることができる、貴重な戦力になる。辞めた社員に対して会社が連絡を怠らず、離職後も関係を維持していれば、元社員がその会社に戻ろうと考える可能性は高まる。ことわざにあるように、「のどが渇く前に井戸を掘っておくべき」だ。たとえばコーポレート・エグゼクティブ・ボードは、同社の「ＣＥＢ『卒業生』ネットワーク」を立ち上げてから二年間で、再雇用の割合が二倍になったと報告している。

　シェブロンは、さらに一歩進んだ「ブリッジズ・プログラム」を取り入れている。同社の元社員が登録し、シェブロンはそこから特定の業務委託契約を依頼する人材を見つける。元社員側はコンサルティングを行うチャンスが得られ、それがフルタイムの再雇用につながる可能性もある。シェブロン側にすれば、十分な能力を持ち、自社の社風に合うコンサルタント候補がプールできる。[4] 双方にとって明らかにウィンウィンの関係になっている。

　さらに「卒業生」は、非常によい採用候補者を紹介してくれる。専門の人材紹介サービスに依頼するコストをかけずに、自社に合うかどうか十分に吟味された採用候補者が紹介されるのだ。「卒業生」に採用候補者を紹介してくれるよう声をかけるのは、ベスト・プラクティスとなって当然だ。具体例を挙げれば、コンサルティング会社のデロイトから給与支払い代行業の巨人ＡＤＰまで、さまざまな企業が、採用に至った候補者を紹介した「卒業生」に謝礼を払っている。採用候補者を紹介しなくても、「卒業生」はリファレンスチェックや企業文化が肌に合うかどうかの判断までサポートできる。

　さらに、きちんとした「卒業生」ネットワークが導入されているという事実そのものが、素晴らしい人材が内定を受諾する決め手になる。その企業でコミットメント期間を何回か経験した後、自分はどのように成長するのか、「卒業生」を見ればわかる。候補者は自分で想像をめぐらせなくても、その仕事が自分に合うかどうか、判断しやすい。たとえばマッキンゼーの「卒業生」たちは、数十億ドル規模の企業何百社ものトップに就いている。この事実だけで、同社に就職することのさまざまなメリットが一気に伝わる。[5] マッキンゼーは採用プロセスの中で、候補者に「ご承知とは思いますが」と前置きしながらこの事実を伝えている。当然だ。

　素晴らしい人材を採用するのはコストが高い。「卒業生」ネットワークのおかげで年にわずか数人でも採用が決まれば、そのことだけでも優に数十万ドルの価値がある。

2．有力な情報が得られる

「卒業生」はネットワーク情報の素晴らしい源泉である。競合に関する情報、効果的な事業のやり方、注目の業界トレンド、その他諸々の情報が得られる。彼らは社内の人間が知らない外の世界の知識を持つだけでなく、社内の仕組みにも通じている貴重な存在だ。

「卒業生」を対象にごくふつうのアンケートを定期的に実施するだけでもメリットがある。就職先としての自社のイメージや競合情報、業界トレンド、潜在顧客のヒントなど、小粒ながらもカギとなる貴重な情報を掘り出せる。リンクトインでは、〝ワッツアップ〟（メッセージアプリ）のような新しい技術に関する元社員からの情報やうわさは、一般の評論家が話題にした時よりも真剣に受け止めるようにしている。

さらに、「卒業生」は、非常に大切な「外部からの視点」を与えてくれる。会社はどうしても自分たちのしていることを無批判に肯定してしまいがちだ。だが「卒業生」なら、必要とされる客観性を持ち、かつ、耳の痛い事実を指摘しても会社に聞いてもらえるだけの尊敬と信頼関係がある。たとえば、新製品のベータ版を試用してもらうと、現役の社員よりも「卒業生」のほうが率直な意見を述べてくれることが多い。

3. 顧客を紹介してくれる

「卒業生」自身が顧客になったり、他の顧客を紹介してくれたりする。インセンティブを与えればその見込みはさらに大きくなる。そのようなインセンティブ制度を正式に導入するには、事務作業や手続きに多少の手間がかかるかもしれない。既存の仕組みは「『卒業生』への報奨金」制度など想定していないからだ。しかし、そのような制度には想像以上の価値を生み出すポテンシャルがある。謝礼としてちょっとした品をプレゼントするなど、小さな一歩から始めよう。

一般にあなたの会社のビジネスが企業向け（B2B）か個人向け（B2C）かによって手法は違ってくる。B2Bなら一社の顧客が数百万ドルの売上げになる場合もあるが（マッキンゼー出身のCEOが同社に仕事を発注する話を思い出してほしい）、一方でB2Cだと、顧客一人の売上げがごく少額のこともあるからだ。B2B企業は顧客紹介そのものにインセンティブをつけるのが適切なのに対し、B2C企業は、消費者に影響力のある人へのインセンティブを用意するとよいだろう。

4．「卒業生」はブランド・アンバサダーである

企業が自社ブランドを完全にコントロールするのはもはや不可能だ。広告キャンペーンにおカネをかければブランド認知は上げられるが、評判になるかどうかは一般の人々の興味、口コミであり、とりわけ、ソーシャルメディア上ではその傾向が顕著だ。口コミの分野でも「卒業生」は元の職場の力になれる。現役の社員数よりも「卒業生」の人数が多い場合はなおさらだ。「卒業生」は第三者の立場にいるため、より客観性が高いと思われる強みがある。「卒業生」がソーシャルメディアで特定の商品や取り組みについて推薦したり、顧客や潜在顧客のツイッター上のつぶやきに返答したりすると、現役の社員にはどうしても出せない信頼感がある。彼らがツイッターで元の職場を褒めても、給料が増えることはないからだ。

このように「卒業生」ネットワークによって企業ブランドが強化されるほど、その企業が採用やネットワーク情報収集力、顧客紹介のために「卒業生」ネットワークを利用しやすくなる。

ここまで述べてきたのはＲＯＩの「Ｒ」、すなわち「卒業生」ネットワークからの「リ

ターン」であり、これは計算式の一方でしかない。以下ではもう一方である「I」、すなわち「投資」について見てみよう。

三段階の投資レベル

「卒業生」ネットワークへの投資水準は、低いレベルから高いレベルまで企業ごとに異なる。どのレベルがあなたの会社にふさわしいかは、個別の環境によって決まるだろう。

●レベル1：無視する

もしあなたの会社の「グローバル本社」が社長個人の自宅と兼用ならば、おそらく「卒業生」ネットワークの育成に着手するには、気が早すぎるだろう。しかし、スタートアップ企業でも元社員の数が数十人から数百人規模に膨らんでいるなら、何も手をつけていないと、大きなチャンスを見逃していることになる。非公式の「卒業生」グループがあったとしても、それは主催者である元社員の意思で運営されている。会社へのリターンについて、会社は何の口出しもできないことを覚えておこう。

●レベル2：サポートする

このレベルでは、会社が「卒業生」グループの主催者と直接連絡を取り、「何か手伝えることがありますか？」と尋ねる程度のサポートをする。会社の制度にはしない し、サポートも、したりしなかったり、でよい。おカネのかからない支援の例としては、メーリングリストを管理したり、「卒業生」の集まりでピザ代を負担したり、「卒業生」の活動を会社として公認する、などが考えられる。たいていの企業なら、この程度のサポートはすべきではないだろうか。関係維持には最小限のコストしかかからず、しかもリターンが得られる可能性もあるのだから。その好例はアクセンチュアだ。同社のリンクトイン上の「卒業生」グループには、三万一〇〇〇人を超える参加者がおり、彼らは、参加時点で同社から最新情報や就職情報を受け取ることに合意している。より重要なのは、互いに連絡を取り合うことにも合意している点だ。[6] 活発な「卒業生」活動によってアクセンチュアは多くの〝出戻り〟人材を獲得でき、結果としてかなりの額の採用コストを節約できた。

●レベル3：投資する

このレベルになると、会社が「卒業生」に正式な活動基盤を提供し、組織的に便宜を図るようになる。一般的には会社が直に公式「卒業生」グループを運営し、運営の専任スタッフ（フルタイム、パートタイムどちらもあり得る）を置き、社員割引などのメリットを「卒業生」にも与え、他の社員全体と連携して「卒業生」からのネットワーク情報収集を助ける。レベル3の投資にはそれなりのコストがかかるが、会社のカギを握る取り組みに「卒業生」を本格的に巻き込もうとするなら、これくらい綿密に取り組まないとメリットを得られない。

たとえばハーバード・ビジネス・スクール（HBS）は、ハイテク業界で働くHBS卒業生の会を運営する仕事をクリス・イェに依頼した。同校はそのようなニーズがあることに気づき、運営者（イェ）を探し、投資することにしたのだ。HBSは卒業生の会をオンラインで運営するためのインフラを提供しただけでなく、全業種の「HBS卒業生の会」の運営スタッフたちを、年に一度の「卒業生」会議に招待する費用も負担している。

イーベイもレベル3の投資をしている。同社の「卒業生」イベントは、大学の同窓会をそのまま模倣している。CEOのジョン・ドナホーは我々にこう語った。「たとえば『二〇〇四年同期会』として一〇〇人ほどの人々を集めて夕食会を企画します。同じ年に入社した元社員を集めるわけです。同期の仲間に声をかけ合って来てもらいます。共通の思い出を振り返り、イーベイとの絆を再確認してもらう素晴らしい機会になります」

〈実践編④〉リンクトインの「卒業生」ネットワーク

　リンクトインも大半のスタートアップ企業と同じく、創業期には「卒業生」ネットワークを設けていなかった。急成長していたため、事業構築以外のことに時間を割く余裕はほとんどなかった。また、急成長が何年も続いたおかげで、元社員より現役社員のほうがはるかに多かったのだ。

　会社が成熟し「卒業生」の数が増えるにつれて、公式の「卒業生」ネットワークに投資すれば、長期的に大きなリターンを得られるステージに入ってきた。当時の会社の成長速度を考えると、次の五年間で「卒業生」が急増してかなりの人数になるはずだと経営陣は予想し、実際に急増する前に「卒業生」ネットワークを組織しようと判断した。この結果、自然発生した非公式「卒業生」グループをたまに支援するというそれまでの方針を変更し、会社として公式「卒業生」ネットワークに本格的に投資することになった。

　二〇一三年後半、リンクトインは公式の「卒業生」ネットワークを立ち上げた。一〇〇〇人を超える元社員とアライアンス関係を維持するためだ。ネットワークはオープンな性格にし、連絡のつく限りすべての元社員を招待することにした。リンクトインのビジネスモデルはネットワークの力に立脚しているのだから――。この「卒業生」ネットワークはリンクトイン（のサービス）上の一グループとして存在している。人事部の社員が同社のニュースを流す（Eメールによる社内報の記事を再利用しているため、たいした手間はかからない）。ネットワークのまとめ役と管理人が協力して、みなに役立ちそうな話題を提供する。「新しいグーグル・フォンについて何か面白いうわさを聞いた人はいませんか？」とか「今の仕事で成功するには何が大切ですか？」といった質問を投げかけるのだ。

この「卒業生」グループに参加した元社員全員には、定期的に（四半期に一度か、それ以下の頻度で）メールが送られる。そこには会社の最新情報のまとめや話題になった「卒業生」、さらには「最近のお気に入りのモバイル・アプリは？」、「リンクトインの『インフルエンサープログラム』（訳注：世界的な影響力を持つ人物がリンクトイン上に寄稿するシステム）に次に登場したらいいと思う人を教えてください」といったアンケートへのリンクが盛り込まれている。

グループへの参加を促し、また、提携関係の意義を実感してもらうよう、リンクトインから「卒業生」へのプレゼントもある。元社員は全員が無料でリンクトインのプレミアムプラン（本来は有料）を利用できる。また、顧客を紹介してくれたり、推薦してくれた人材が採用された際には、礼状と素敵な記念品をおくっている。

同社は、ふつうの「卒業生」ネットワークだけでなく、際立った活躍をし、会社にとって大事な「卒業生」だけを厳選した招待制ネットワークも運営している。このネットワークがあることで、彼らも会社も関係強化により多くの時間と労力をかけることができ、より多くの果実を得ている。このレベルの投資と見返りは、ふつうの「卒業生」ネットワークからは得られないし、それを望むのもふさわしくない。このネットワークに誰を招待するかは、リンクトインの経営陣が選ぶ。在職中の貢献、離職後の同社への貢献、または個人のキャリアを通して達成した対外的な功績が基準だ。こうして選ばれた「卒業生」は、特別ゲストとしてリンクトインの敷地内で行われるイベントに招待される。たとえばハッカソン（訳注：プログラマーたちが技術やアイデアの開発を競い合うコンテスト）で審査員を務めたり、リード・ホフマンがフェイスブックのシェリル・サンドバーグやワードプレスを生んだマット・マレンウェッグなどのゲストと社内向けに対談をする機会に招待されたりする。

「卒業生」ネットワークにかかる費用は、全部ひっくるめても知れている。前述したように、大半のコンテンツはすでにあるものからの流用だし、採用候補者の推薦やネットワーク情報収集のお礼のためのプレゼント代なども、かわりに採用プロセスを外注したりコンサルタントや外部アナリストに依頼したりする費用と比べれば、最小限ですんでいる。

「卒業生」ネットワークは、単なるコストではない。収益源となる可能性が十分あるのだ。しかも、あなたの会社が社員とのアライアンス関係という新しい雇用形態を大事にしていることの強力なシグナルにもなる。さあ、今すぐ元社員の名簿を作成しよう。あなたの会社に「卒業生」ネットワークがないなら、「卒業生」は「手つかずで眠らせている資産」と考えるべきだ。終身雇用は終わったかもしれないが、貴重な人材との価値ある「終身関係」を保つことは可能だし、ぜひそうしてほしい。

8
「卒業生」ネットワークを活かすには
効果的に導入するためのコツとテクニック

この章では、企業が「卒業生」ネットワークを立ち上げ、活用していく方法を順を追って説明する。一つの事業部が単独で行う場合でも会社全体で行う場合でも、この手引きを利用してほしい。

1．「卒業生」ネットワークの参加者を決める

一番単純な方法は、元社員をすべて「卒業生」ネットワークに招くやり方だ。スタッフ社員から中堅どころ、経験が浅いまま辞めた人まで全員を対象とする。ただし、元

社員あるいは転職先企業と係争中の場合は対象としない。また、正当な理由があって懲戒した社員も含めない（セクシャルハラスメントや窃盗など）。業務委託した人やインターンなどは、ケース・バイ・ケースで含めても含めなくてもいいだろう。

とはいえ、幅広い参加者を受け入れると面倒な状況が発生するリスクもある。競合に就職する元社員も出てくるかもしれない。「卒業生」グループに悪影響を与える人が参加するかもしれない。または、新しい勤め先のために有能な人材を物色しにくるかもしれない。離職後、マスコミに会社の悪口をいっているかもしれない――。問題行動を起こした会員は、「卒業生」グループから「クビ」にできるようにしておいたほうがいいだろう。

このような課題を長期にわたり確実に解消する方法は、「選ばれた」元社員だけの「卒業生」グループを設立することだ。そうすれば、参加メンバーとそこから得られるメリットに関して、会社側がより細かくコントロールできる。たとえば、辞めた後も会社との関係を大切にしている元スター社員にきめこまやかなサービスを提供し、そのかわりに会社により深くかかわってもらうといった形でもいい。元スター社員たちは会社を離れた後でも面白いことにかかわり、人脈の中核でいる可能性が高い。会社の事業にも大きな価値をもたらしてくれるだろう。加えて「選ばれた」元社員であることに誇りやメリットを感じてもらえれば、会社にマイナスになるような言動を控えるようにもなる。

2. ギブ・アンド・テイクの中身をはっきりと示す

会社と「卒業生」との関係は互恵的でなければならない。この点は、会社が社員とアライアンス関係を築く場合と同じだ。「卒業生」からメリットを得るためには、会社も形だけでなく、本当に彼らの役に立つ必要がある。「卒業生」に報い、関係を強化するためによく使われる施策を以下に紹介する。

紹介ボーナス

素晴らしい人材を獲得することは、本当に重要なのだから、紹介してもらいやすい道筋をつけよう。募集中のポストの情報を「卒業生」向けメーリングリストに流し、採用に結びついた紹介者には謝礼を出そう。

割引制度や優先使用権

マイクロソフトの「卒業生」は、同社運営の「マイクロソフト・カンパニー・ストア」において、現役社員と同じく最高九〇％までの割引を受けられる。[1] リンクトインは時々、一部の「卒業生」に、公開前の新製品のベータ版を利用できるような「優先使用権」をつけている。こうした仕組みは、「卒業生」にとってもメリットになると同時に、会社にとっても貴重な機会だ。社内情報に通じつつも現役社員より客観的な視点を持つ人たちから、新製品について建設的な意見を得られるだろう。

自社主催のイベント

直に会って話すことには他のコミュニケーションにはない魅力がある。イベントでは「卒業生」と会うことで、関係が強化できる。あらゆる大学が定期的に同窓会を主催しているのには、ちゃんと理由がある。同窓会というイベントは、「卒業生」との関係強化――ひいては「卒業生」からの寄付――を推進する最高の原動力なのだ。単純に「卒業生」向け同窓会を開催してもよいし、一ひねりして、会社の納会などの社内イベントに「卒業生」を招待する、という手もある。

「名誉卒業生」の公認制度

アマゾンは「ベストレビュアー」、イーベイは「パワーセラー」、イェルプは「エリート」。これら消費者向けサービスでは、「特別」な利用者を選び出して公認し、他人からも一目でそれとわかるアイコンを付与する仕組みで成功している。企業の「卒業生」ネットワークでも、この仕組みを取り入れられないだろうか。大学で、成績優秀者や活躍した学生を表彰するように、企業も際立った活躍をした公認「名誉卒業生」を選出する。公認された「卒業生」は、自ら、選出されたことを話したりしてよい。もちろん、一部の「卒業生」だけを会社公認で特別扱いすることに抵抗を感じる企業もあろう。あらゆる表彰制度と同様、会社が「えこひいき」していると思われるデメリットと、このような仕組みがもたらすメリットとを天秤にかけたうえで、導入を決めよう。

最新情報を知らせる

「卒業生」に常に会社の最新情報を知らせよう。彼らにも会社にもメリットが大きい。会社の現状を「卒業生」が的確に把握しているほど、彼らが提供してくれる知見や助力は実際に役立つものとなる。たとえばマイクロソフトは元社員に対し、一般より早くベータ版ソフトウェアのアクセス権をつけている。また、会社に関する残念なニュースは、早く知らせたい。会社から直接知らされる前にマスコミ経由で知ってしまうと、「卒業生」にそれをもってアライアンスの信頼関係は終わったと思われてしまっても仕方がない。

3. 退職手続きを見直す

社員が辞める時の退職面談（エグジット・インタビュー）は、その人と会社の終身関係を強化する絶好の機会だ。それをしないのは、見本市にブースを出しながら来訪者の名刺をもらい忘れるようなものだ。組織として莫大な時間とエネルギーを割いて、その人と素晴らしい関係を構築してきた。なのになぜそれを捨ててしまうのか——。

まず最初に、際立った元社員のみの「名誉卒業生」ネットワークにその退職者を招待すべきかどうか、経営幹部に決めてもらう。次に、今後も長期的な関係を続けるために必要な情報をすべて、退職者からもらう。連絡先や専門領域、そして「いずれ会社の役に立ちたいとすればどんなことに関してか」といった項目である。終身雇用の終焉を考えると、辞めていく社員と同僚たちの個人的な繋がりだけに頼っているような会社ではいけない。元社員との間には、個人的な繋がりとあわせて、「組織的な繋がり」が必要だ。会社や部署は組織として、退職者全員についてのデータベースをつくろう。必要な項目は、ずっと使えるメールアドレス、電話番号、リンクトインのプロフィール、ツイッターのハンドル名、ブログのＵＲＬ、等々だ。

4. 現役社員と「卒業生」を繋げる

「卒業生」ネットワークができたからといって、そこから自動的に価値が生まれるわけではない。何か仕組みやきっかけがなければ、忙しい「卒業生」は、会社と情報を共有しようとは思わない。現役社員も、課題解決のために「『卒業生』に頼ろう。知見や手助けを求めよう」とは考えない。

「卒業生」の助けを必要とする事態が生じる前に、彼らの知恵を利用するための公式な仕組みと手続きを、経営幹部が決めておこう。たとえば「卒業生」によるアドバイザー委員会の設置、「名誉卒業生」と現役社員が参加する具体的なテーマごとのメーリングリスト開設、現役の経営幹部と元社員たちが交流できる「卒業生」イベントの定期的な開催、などが考えられる。こうした仕組みを、仕事を進めるにあたっての標準的なプロセスとして組み込んでおくのだ。

「卒業生」との関係づくりを意識的に行い、彼らを信頼している企業の一例として、マーケティング用ソフトウェア企業のハブスポットを挙げることができる。「ハブスポット『卒業生』ネットワーク」は、元社員が管理運営する非公式グループだが、同社と密接な関係を築いている。ハブスポットの共同創業者で最高技術責任者のダーメッシュ・シャアが話してくれた。「『卒業生』ネットワークの集まりには、経営幹部が誰か一人は必ず出席します。その幹部は通常三〇分から四〇分の『アスク・ミー・エニシング（何でも聞いて）』コーナーを設け、ハブスポットに関するあらゆる質問に答えるのです。『今一番心配なことは何ですか？』とか『顧客は離れていっていませんか？』なんて質問もあります」――。一般の人には得られない社外秘の情報だ。

また、会社が大きな成功を成し遂げた時は、できれば「卒業生」にもお祝いに参加してもらおう。リンクトインが株式を公開した時、リード・ホフマンは「卒業生」の貢献に感謝しようと、祝賀会に招待した。彼は、リンクトインを創業時に支えてくれた人々、全部で四五人分のそれぞれに似せた首振り人形を用意していたのだ。その大半は、株式公開時には会社を辞めていた元社員たちだった。

COLUMN

部下との対話――マネジャーへの助言

およそ健全な関係というものは、まず「いかにして相手の役に立てるか」を考えるところから始まる。どのような場合でも、部下の立場に立つことから対話を始めるべきだ。
部下と「卒業生」ネットワークについて話し合うべき機会は三度ある。採用時、採用されてから辞めるまでの現役時代、会社を辞めて「卒業生」になる時。それぞれ話すべき内容は異なる。

採用時：「卒業生」ネットワークを売りにする

採用時に会社のアピール度を最大化するには、統計データとエピソードを組み合わせるといい。変革型コミットメント期間の約束を思い出してほしい。「このコミットメント期間によって、あなたのキャリアをガラリと一変させます」という約束だ。これが本当に実現するという裏づけになるのが「卒業生」ネットワークである。まず、あなたの会社の「卒業生」の人数や幅広い活躍ぶり、活発な「卒業生」活動などを紹介するとよい。さらに、「あなた個人」の経験を話して相手に本当に実感してもらおう。「卒業生」ネットワークによって自分が公私ともにどれほど助けられたか、具体的なエピソードを話すとよい。

現役時代：「卒業生」ネットワーク情報収集力を活用しやすくする

ほとんどの企業には公式な「卒業生」ネットワークがないため、それを仕事に活かす経験をしたことのない社員が大半だ。まずは、ミーティングの中で職場の仲間に「卒業生」を売り込んでみよう。「そういえば、ウチの卒業生の◯◯さん、あの広告代理店で今一番の売れっ子デザイナーだよね。今の課題、相談してみようか」――。活躍している「卒業生」のリンクトイン・プロフィールを社内に共有し、これほどの「資産」を利用できるのだと認識してもらう手もある。

退職時：現役引退まで関係が続くよう提携関係を強化する

部下との退職面談では次の点をしっかりと伝えよう。会社との雇用関係は終わるかもしれないが、提携関係は今後も生き続ける。この提携関係は私とあなたの間だけでなく、会社とあなたの間にも存在するのだ、と。退職の際の話し合いでは、上司として複雑な感情がこみ上げることもあるだろう。だが、この機会を前向きのチャンスととらえるべきだ。なぜなら終身雇用は消えゆくが、「終身関係」はまさにこれから世の中に広がるのだから――。

おわりに

「終身雇用の時代」を振り返ってみると、終身雇用モデルにはネットワーク化の進んだ現代の環境に対応できるような柔軟性はなかったが、長期的視点に立ってものを考えることを促す効果があった。一九五〇年代から六〇年代にかけて、企業は未来を見据えた巨額の長期投資を行い、その結果開発された技術は情報化時代を牽引する原動力となった。

その後から現在まで続いている「フリーエージェント型の時代」は、我々を長期的視点の投資から遠ざけ、即効性だけを追求する近視眼的視点へと追い立てた。本論で述べたとおり、忠誠心を得られない企業は、長期的思考ができない企業である。長期的思考ができない企業は、将来に向けた投資のできない企業である。そして、明日のチャンスと技術に投資しない企業は、すでに死に向かっている企業なのだ。

本書では、企業と個人が、お互いに相手に時間と労力を投資しようと思えるような働き方の一つのモデルを示した。こんな世界を想像してみてほしい。マネジャーと社員が相手の目標や実現したい時期について率直に話し合う。マネジャーとチームメンバーが一緒になって自分たちの価値観と、ありたい姿にふさわしい仕事を設計する。社員が別の会社に転職した後でも、元の会社と引き続き互恵的な関係を保っていける――。そのような世界、そのような働き方の文化は、すでにシリコンバレーに出現している。そして我々は、こうした働き方の原則があらゆる産業に、そして世界中に広がるはずだと考えている。

企業と社員が互いに相手に投資すると、莫大な価値が生まれる。仮に効果がそれだけだとしても、人材活用の枠組みとして企業がアライアンスを導入する価値は十分にあるだろう。

だが、アライアンスの効果はそれだけではない。企業の範疇をはるかに超える、大きな影響を及ぼすことになる。

職場という小宇宙での人間関係を改善することは、社会全体に大きなインパクトを与える可能性がある。プロジェクトからプロジェクトへ、部署から部署へ、会社から会社へ、とその影響は波及していく。教育システムの全面見直しや規制制度改革といったマクロ経済的な提言に比べると、アライアンスなど小さなことに思えるかもしれない。しかし、この「小さなこと」は誰もが今日から取り入れることができ、いずれ積み重なって巨大なリターンを我々にもたらしてくれるはずだ。

約半世紀にわたるこれまでの行動様式は簡単には変わらない。しかし本書によって我々は、あなた自身やあなたのチーム、あなたの会社、そして究極的には経済全体の働き方を変える枠組みを示せたのではないかと自負している。

企業の考え方、役割、人材がきちんとそろい、ピタリとはまると、企業もその人も驚くほどの変革を遂げることができるはずだ――。我々三人が本書の執筆という「コミットメント期間」に共に取り組んだ動機は、この信念であった。

さあ、ここからは、あなたが会社やキャリアを一変させるアライアンスを組み立てていただきたい。

カリフォルニア州パロアルトにて
――リード、ベン、クリス

www.theallianceframework.com

付録―A
「アライアンスの合意書」の見本

この「アライアンスの合意書」は、変革型コミットメント期間に用いることを念頭に書かれている。あなたの会社やチームが置かれた環境に合わせて、細かい方針や施策（たとえばネットワークづくりのための予算）は変えていい。また、アライアンス関係を結ぶ社員ごとに個別目標もカスタマイズしよう。ただし、社員間の公平性を期すために、全般的な方針と原則は変えないほうがいい。

私＝マネジャーを指す
私たち＝マネジャーとその部下の社員を指す
当社＝マネジャーとその部下の社員が所属する会社を指す

組織が大きい場合、会社のニーズに合わせて、まず、トップ経営層と人事部門の幹部がアライアンスの合意書の中身を調整して基本型をつくる。個々のマネジャーがそれぞれのチームに合わせてさらに調整できる余地を残しておこう。

宣言文の全文は次のサイトからダウンロードできる（英文）。

www.theallianceframework.com

アライアンスの合意書

はじめに

●私の部署にようこそ。
●私は、私たちの関係を、双方に役立つような「アライアンス関係」だと考えています。
●この「アライアンスの合意書」を使って、お互いに相手に期待することを具体的に、明確にしましょう。相手に、そしてお互いの関係に、安心して時間と労力を投資できるようにするのです。
●あなたには、当社を変革するような貢献を期待しています。
●私と当社はあなたの市場価値を高め、（願わくば当社内において）あなたのキャリアを変革するサポートをしなければなりません。
●当社はあなたに終身雇用を約束しませんし、あなたも現役引退まで当社に留まるとは約束しません。そのうえで私たちは、この雇用関係が終わった後でも続くような、長期にわたるアライアンス関係を保つために努力します。

第1条――コミットメント期間

［原則］

●あなたのコミットメント期間とは、当社と私の部署に対してあなたが何をして役立とうとするか、同時に、私と当社があなたのキャリアに対して何をして役立とうとするかを定めるものです。

●コミットメント期間に関して、あなた、私、および当社には契約的な義務は発生しませんし、計画が変わってしまう可能性もあります。それを前提にしながらも、現時点では、あなた、私、および当社は、このコミットメント期間を完遂することを、相互信頼に基づき約束します。互いに合意した共通の目標に向かって進捗がある限り、当社はあなたを退職させませんし、あなたも当社を辞めない、ということです。

●私たちがお互いへの投資を積み重ね、相互信頼関係が深まってくれば、将来、より長期的な「基盤型」の関係を結べるかもしれません。

〈期待水準〉

●当社は、次に記したコミットメント目標をあなたが完遂するまでこのコミットメント期間が続くものと考えています。

（コミットメント目標）＿＿＿＿＿＿＿＿

●私は、このコミットメント期間がおよそ＿＿＿＿＿＿＿＿ほどの年月で完了すると考えています。

●以下に記したような結果が得られたら、当社にとってこのコミットメント期間が成功だったと判断します（製品の立ち上げ、プロセスの改善、売上げ、など）。

（具体的結果）＿＿＿＿＿＿＿＿

●以下に記したような結果が得られたら、あなたにとってこのコミットメント期間が成功だったと判断します（知識、スキル、実績、知名度、など）。

（具体的結果）＿＿＿＿＿＿＿＿

●このコミットメント期間の終盤に近づいてきた頃（終了のおよそ一二カ月前）、終了後のあなたの意志について、あなたと私で話し合いましょう。話し合う内容は、当社での新たなコミットメント期間の設計でも、他社への転職でもかまいません。

第2条　整合性

〔原則〕

●あなた、私、および当社にはそれぞれ自分の核となる価値観とありたい姿があります。

●あなた、私、および当社は三者の価値観とありたい姿がなるべく整合するように努力します。その一方で、一〇〇％重なることはあり得ないことも理解しています。

〈期待水準〉

●私は自分の核となる価値観とありたい姿を明記します。また、私の理解の範囲で、会社が本当に信じている具体的な価値観とありたい姿も明記します。

●私や会社の価値観とありたい姿について、あなたから率直なフィードバックや提案があればぜひお願いします。

●私は、あなたの核となる価値観とありたい姿を知りたいと思っています。それが私や会社のものと違っていてもかまいません。

（あなたの核となる価値観とありたい姿）

（私の核となる価値観とありたい姿）
（会社の核となる価値観とありたい姿）

●あなたのこれからのキャリアの発展について、一緒に、私たち共通の期待値を設定していきましょう。

●私は、あなたのビジネス面での成果と、会社の価値観とありたい姿をどれほど体現したかとの両面で評価をします。

●期待値からズレがあった場合、私たちは早めに正面から問題を話し合って対処します。放置して問題を悪化させアライアンス関係を損なうようなことはしません。

第3条　ネットワーク情報収集力

［原則］

●あなたが仕事で培う人脈は、あなたとあなたのキャリアにとっても、私と当社にとっても、価値ある資産です。

●仕事上の課題を解決するためには、知識や知見が欠かせません。人は、社内・社外を問わず、貴重な資源です。

●当社と私は、あなたが自分の人脈を築き、維持するための時間を差し上げます。そのかわり、自分のコミットメント目標を達成し、当社に成功をもたらすためにその人脈を役立ててください。

〈**期待水準**〉

●私は、何が「非公開かつ社外秘でない情報」にあたるのかを明確に示します。あなたは、それをご自身の人脈ネットワーク上で伝えてもかまいません。

●リンクトインやツイッターなどのソーシャルメディア上であなたが活発に活動し、人々の目につきやすい存在となるために、遠慮なく会社の備品（コンピュータやスマートフォンなど）を使って勤務時間内に仕事上のソーシャル・ネットワークを広げてください。なお、このことをわざわざはっきりと公表する必要もありません。

●仕事上のネットワーク構築に役立つとあなたが判断するのであれば、どのようなイベントや会議、会員組織であっても出席費や会費として総額〈具体的金額〉までは経費として自由に使ってください。総額がこれを超える場合は、まず私に確認してください。できるだけ何度でも、承認するようにします。あなたの責務は、こうした活動で得た知識を、私および同僚にも共有することです。

●あなたは、社外のグループを招いたりイベントを主催したりするために当社の施設を使うことができます。

第4条 「卒業生」ネットワーク

［原則］

●大半の人にとって終身雇用は過去のものとなっています。でも、価値ある関係は生涯続けるべきだと考えています。

●もし当社を退職することになっても、あなたが当社と円満な関係であれば、当社と私は、あなたを当社の「卒業生」ネットワークに招待します。

●あなたが「卒業生」になっても、当社とあなたの関係の原則は、現役時代のアライアンス関係の原則を変わらず維持します。その原則とは、相互信頼、相互投資、相互利益です。

●当社の現役の社員として、ビジネス上の課題解決に役立てるために「卒業生」ネットワークを自由に活用してください。

〈期待水準〉

●当社と私は、（あなたの退職後も）当社で何が起きているか最新情報をあなたに伝えることを約束します。コンサルティング・プロジェクトや求人情報など、あなたの仕事に結びつくかもしれない情報もお伝えします。

●当社もしくは私が、あなたに力になってほしい、知恵を貸してほしいと相談した時、少なくとも私たちの依頼を聞いて検討してください。そのうえで断ることは、もちろん自由です。

●当社は、たとえばメーリングリストやグループ、会社のＳＮＳなどのツール類を用意し、あなたが当社の社員および「卒業生」の持つ知識を活用しやすくします。

付録—B
「尊敬する人のリスト」の実例

アライアンスについて述べた第3章で、社員の価値観を理解することが大事だと述べた。そして、尊敬する人物とその理由を聞いてみるというテクニックを紹介した。著者三人がその作業を行った結果を以下に示す。

まず、我々の尊敬する三人の人物を挙げ、それぞれの人物について最も尊敬できる資質を三つ挙げ、それら九つの資質を自分が大事だと思う順番にざっと並べたリストである。

リード・ホフマン

1．マーティン・ルーサー・キング・ジュニア

偉大な英雄であり、彼のビジョンと勇気はすべてのアメリカ人、そして世界中の人々を今でも鼓舞している。

●ビジョン
●勇気
●共感

2．マリー・キュリー

科学の世界の英雄である彼女は、大きな組織のリーダーでなくても、本質を問いなおすような知的リスクをとり、人々の先頭に立って道を切り開くことができることを身をもって示した。

●知性
●思考の独立性
●集中

3. アンドリュー・カーネギー

実業家から慈善家（フィランソロピスト）へと進化した彼の生き方は、その後何十年にもわたり灯台のような役目を果たしている。

●物心ともに与えようという優しさ
●リーダーシップ
●起業家精神

資質のランキング

1. 共感
2. 勇気
3. 集中
4. 知性
5. 物心ともに与えようという優しさ
6. ビジョン
7. リーダーシップ
8. 起業家精神
9. 思考の独立性

ベン・カスノーカ

1. ベンジャミン・フランクリン

飽くことなき発明家にて米国の開祖の一人。そして優れた外交官でもあった。

●自己改革
●起業家精神
●国際主義

2. デヴィッド・フォスター・ウォレス

人間性と現代社会を彼ほど見事に説明できた作家はいない。

●好奇心
●ユーモア
●猛烈

3. ゴータマ・シッダールタ（仏陀）

精神面の指導者であり、人生の意味を説く彼の教えは世界を変えた。

●冷静沈着
●平和
●規律

資質のランキング

1. 好奇心
2. ユーモア
3. 平和
4. 起業家精神
5. 規律
6. 猛烈
7. 自己改革
8. 冷静沈着
9. 国際主義

1. エイブラハム・リンカーン

史上最も偉大なアメリカ人。彼ほど巨大な問題に立ち向かった大統領は、彼の前にも後にもいない。そしてついに米国の再統一を成し遂げた。

●共感
●無私
●物語る力

2. フレッド・ロジャース（訳注：米国では非常に有名な子供向け番組の司会者で教育者）

おそらく彼はこの世に生きた人の中で最もいい人だったんじゃないか。何百万人もの子供たちの人生に影響を与えた。

●包容力
●真摯さ
●優しさ

3. デビッド・パッカード

ヒューレット・パッカードの創業者で、シリコンバレーの始祖の一人。そして、古今を通じて最も偉大な経営者の一人。

●率先する力（イニシアチブ）
●信頼感
●物心ともに与えようという優しさ

資質のランキング

1. 真摯さ
2. 無私
3. 率先する力（イニシアチブ）
4. 信頼感
5. 包容力
6. 優しさ
7. 共感
8. 物心ともに与えようという優しさ
9. 物語る力

付録—C

あなたの会社で始めよう

本書の執筆中、数多くの魅力的なテーマが浮上した。だが、その多くは本書に盛り込めなかった。たとえば、ネットワーク情報収集力の扱い方を論じた部分でソーシャルメディアに触れた時、本当はもっとこのテーマを詳細に掘り下げたかった。

また、本書の草稿を知り合いの優れた経営者たちに見せたところ、鋭い質問を投げかけてくれたり、現実的には問題になりそうなところを指摘してくれたりした。これが本書の論点と提案をよりよきものにするのに大いに役立った。本書が世に出た今、読者であるあなたにも、同じように問題提起や内容改善に力を貸してほしい。たとえば、あなたの業界の独特の慣習をふまえた時、アライアンスを持ち込む際にはどのような修正が必要になるのか、問題提起をしてほしい。また、あなたの会社に適応するよう「コミットメント期間」の枠組みを調整し、我々と共有してほしい。

そこで我々は、専用のウェブサイト（TheAllianceFramework.com）と、専用のリンクトイン・グループを立ち上げた。このウェブサイトは、アライアンスに関する我々みんなの共同の理解を深めるため、今後新たに加わる内容やインタラクティブな診断テスト、さらには実際のワークシートや研修の手引きといったものまで扱う情報交換センターとして機能する。さらに前記サイトでは、基調講演や講習会、オンラインセミナーなどの情報も告知していく予定だ。

ぜひこのウェブサイトを活用し、アライアンスにまつわる課題を掘り下げるのに一役買ってほしい。そして、あなたの会社にアライアンスを持ち込むのに役立ててほしい。

第7章

1. Joe Laufer, "Corporate Alumni Programmes: What Universities Can Learn from the Business Experience," November 5, 2009, SlideShare presentation, http://www.slideshare.net/joeinholland/what-universities-can-learn-from-corporate-alumni-programs#btnNext.
2. Emily Glazer, "Leave the Company, but Stay in Touch," *Wall Street Journal*, December 20, 2012, http://blogs.wsj.com/atwork/2012/12/20/leave-the-company-but-stay-in-touch/.
3. マッキンゼー＆カンパニーのアルムナイ・プログラムについてのさらに詳しい情報は、次の同社ウェブサイトを参照。http://www.mckinsey.com/alumni.
4. さらに詳しい情報は、シェブロンのアルムナイ専用ウェブサイトを参照。http://alumni.chevron.com/chevron-careers/chevron-bridges-contract-positions.html.
5. 出所は"McKinsey & Company: A Community for Life"のウェブページ。http://www.mckinsey.com/careers/a_place_to_grow/a_community_for_life.
6. "Official Accenture Alumni Network," http://www.linkedin.com/groups/Official-Accenture-Alumni-Network-82182/about.

第8章

1.「マイクロソフト・アルムナイ・ネットワーク」および「マイクロソフト・アルムナイ・ファンデーション」の会員が得られるメリットについては、次を参照。https://www.microsoftalumni.com

http://reidhoffman.org/if-why-and-how-founders-should-hire-a-professional-ceo/.
5. "Rich Corporate Culture at McDonald's Is Built on Collaboration," *Financial Post*, February 4, 2013, http://business.financialpost.com/2013/02/04/rich-corporate-culture-at-mcdonalds-is-built-on-collaboration/.
6. Kim Bhasin, "Jeff Bezos Talks About His Old Job at McDonald's, Where He Had to Clean Gallons of Ketchup off the Floor," *Business Insider*, July 23, 2012, http://www.businessinsider.com/jeff-bezos-reflects-on-his-old-job-at-mcdonalds-2012-7.
7. Anne Fulton, "Career Agility: The New Employer-Employee Bargain," blog post, March 21, 2013, http://www.careerengagementgroup.com/blog/2013/03/21/career-agility-the-new-employer-employee-bargain/.（訳注：リンク切れ）
8. Jeffrey Pfeffer, "Business and the Spirit: Management Practices That Sustain Values," Stanford University Graduate School of Business Research Paper Series, no. 1713, October 2001, https://gsbapps.stanford.edu/researchpapers/library/1713.pdf.（訳注：リンク切れ）

第3章

1. Dallas Hanson and Wayne O'Donohue, "William Whyte's 'The Organization Man': A Flawed Central Concept but a Prescient Narrative," September 21, 2009, DOI 10.1688/1861-9908_mrev_2010_01_Hanson, http://www98.griffith.edu.au/dspace/bitstream/handle/10072/36379/68117_1.pdf;jsessionid=17A80215986F988028592EC7D30739DE?sequence=1.
2. John Bell, "Why Mission Statements Suck," June 13, 2011, http://www.ceoafterlife.com/leadership/why-mission-statements-suck-2/.
3. Sharlyn Lauby, "Company Values Create the Foundation for Employee Engagement," *HR Bartender* (blog), November 6, 2012, http://www.hrbartender.com/2012/employee/company-values-create-the-foundation-for-employee-engagement/.
4. Adam Bryant, "Neil Blumenthal of Warby Parker on a Culture of Communication," *New York Times*, October 24, 2013, http://www.nytimes.com/2013/10/25/business/neil-blumenthal-of-warby-parker-on-a-culture-of-communication.html.
5. 出所はhttp://en.wikiquote.org/wiki/Theodore_Roosevelt.
6. The Importance of Connecting with Colleagues," *Bloomberg BusinessWeek*, June 10, 2010, http://www.businessweek.com/magazine/content/10_25/b4183071373230.htm#p2.

第5章

1. Bill Gates, *Business @ the Speed of Thought: Using a Digital Nervous System* (New York: Warner Books, 1999), 3.（ビル・ゲイツ『思考スピードの経営』大原進訳、日本経済新聞社、2000年）
2. Deborah Ancona, Henrik Bresman, and David Caldwell, "The X-Factor: Six Steps to Leading High-Performing X-Teams," *Organizational Dynamics* 38, no. 3 (2009), 217-224. Chapter 7.

原注

第1章

1. 出所は、http://www.nytimes.com/2001/04/08/business/off-the-shelf-after-the-downsizing-a-downward-spiral.html.
2. John Hagel III, John Seely Brown, and Lang Davidson, *The Power of Pull: How Small Moves, Smartly Made, Can Set Big Things in Motion* (New York: Basic Books, 2010), 12.（ジョン・ヘーゲル３世、ジョン・シーリー・ブラウン、ラング・デイヴソン『「ＰＵＬＬ」の哲学　時代はプッシュからプルへ――成功のカギは「引く力」にある』桜田直美訳、主婦の友社、2011年）
3. Harold Meyerson, "The Forty-Year Slump: The State of Work in the Age of Anxiety," *The American Prospect*, November 12, 2013, http://prospect.org/article/40-year-slump.
4. 同上
5. Towers Watson 2012 Global Workforce Study, *Engagement at Risk: Driving Strong Performance in a Volatile Global Environment*, July 2012, http://www.towerswatson.com/en-AE/Insights/IC-Types/Survey-Research-Results/2012/07/2012-Towers-Watson-Global-Workforce-Study.
6. Susan Adams, "Trust in Business Falls Off a Cliff," *Forbes*, June 13, 2012, http://www.forbes.com/sites/susanadams/2012/06/13/trust-in-business-falls-off-a-cliff/.
7. Reed Hastings, "Netflix Culture: Freedom & Responsibility," August 1, 2009, SlideShare presentation, http://www.slideshare.net/reed2001/culture-1798664.
8. "Pixar Total Grosses," *Box Office Mojo*, http://boxofficemojo.com/franchises/chart/?id=pixar.htm.
9. David Lazarus, "A Deal Bound to Happen," *SF Gate*, January 25, 2006, http://www.sfgate.com/business/article/A-deal-bound-to-happen-2505936.php.
10. Jack Clark, "How Amazon Exposed Its Guts: The History of AWS's EC2," *ZDNet*, June 7, 2012, http://www.zdnet.com/how-amazon-exposed-its-guts-the-history-of-awss-ec2-3040155310/.
11. Larry Dignan, "Amazon's AWS: $3.8 Billion Revenue in 2013, Says Analyst," *ZDNet*, January 7, 2013, http://www.zdnet.com/amazons-aws-3-8-billion-revenue-in-2013-says-analyst-7000009461/.

第2章

1. "People Operations Rotational Program," https://www.google.com/about/jobs/search/#!t=jo&jid=3430003.（訳注：リンク切れ）
2. "Careers at Facebook: Product Manager Rotational Program," https://www.facebook.com/careers/department?dept=product-management&req=a0IA000000CwBjlMAF.（訳注：リンク切れ）
3. Rachel Emma Silverman and Lauren Weber, "An Inside Job: More Firms Opt to Recruit from Within," *Wall Street Journal*, May 29, 2012, http://online.wsj.com/news/articles/SB10001424052702303395604577434563715828218.
4. Reid Hoffman, "If, Why, and How Founders Should Hire a 'Professional,'" *CEO*, January 21, 2013,

［監訳者］
篠田真貴子（しのだ・まきこ）
東京糸井重里事務所取締役ＣＦＯ。慶應義塾大学経済学部卒、1991年日本長期信用銀行に入行。1999年、米ペンシルベニア大学ウォートン校でＭＢＡを、ジョンズ・ホプキンス大学で国際関係論修士を取得。マッキンゼー、ノバルティス ファーマ、ネスレを経て、2008年10月、ウェブサイト「ほぼ日刊イトイ新聞」を運営する糸井事務所に入社、2009年1月より現職。2012年、糸井事務所がポーター賞（一橋大学）を受賞する原動力となった。

［訳者］
倉田幸信（くらた・ゆきのぶ）
1968年生まれ。早稲田大学政治経済学部卒。朝日新聞記者、週刊ダイヤモンド記者、DIAMONDハーバード・ビジネス・レビュー編集者を経て、2008年よりフリー。主な訳書に『伝説のFRB議長 ボルカー』『日本企業はモノづくり至上主義で生き残れるか』（共にダイヤモンド社）がある。

[著者紹介]

リード・ホフマン (Reid Hoffman)

リンクトインの創業者であり現在会長。ペイパルの創業に関わったのち、2002年にリンクトインを創業。200を超える国と地域で3億人以上の会員を有する世界最大クラスのSNSに成長させた。シリコンバレーのベンチャー・キャピタル、グレイロック・パートナーズのパートナーも兼務し、エラビーアンドビー、フェイスブック、フリッカー、ゼンガなどに投資している。

ベン・カスノーカ (Ben Casnocha)

起業家であり作家。『スタートアップ！　シリコンバレー流成功する自己実現の秘訣』(邦訳、日経BP社) は、リード・ホフマンとの共著。リンクトインで会長秘書を務めた経験もある。起業家としてComcateInc.,を設立。『ビジネスウィーク』は「アメリカでトップ若手起業家」のひとりに選出。講演者としても活躍中。

クリス・イェ (Chris Yeh)

起業家であり、作家、メンター。PBworks のバイスプレジデントであり、Wasabi Venturesの共同創業者であり、ゼネラル・パートナーも務める。ハーバード・ビジネススクール卒 (ベイカー・スカラー)。

ALLIANCE アライアンス
——人と企業が信頼で結ばれる新しい雇用

2015年7月9日　第1刷発行
2015年7月30日　第2刷発行

著　者——リード・ホフマン、ベン・カスノーカ、クリス・イェ
監訳者——篠田真貴子
訳　者——倉田幸信
発行所——ダイヤモンド社
〒150-8409　東京都渋谷区神宮前6-12-17
http://www.diamond.co.jp/
電話／03･5778･7228(編集)　03･5778･7240(販売)

装丁————bookwall
製作進行——ダイヤモンド・グラフィック社
印刷————信毎書籍印刷(本文)／共栄メディア(カバー)
製本————本間製本
編集担当——岩佐文夫

ISBN 978-4-478-06257-9

THE RISE OF THE CREATIVE CLASS REVISITED
リチャード・フロリダ＝著
井口典夫＝訳
新クリエイティブ資本論
才能《タレント》が経済と都市の主役となる
前著から10年 全面改訂！
クリエイティブ・クラスがつながる時代
ダイヤモンド社